幼稚園・保育園
実習まるごとおたすけガイド

徳永満理　編著

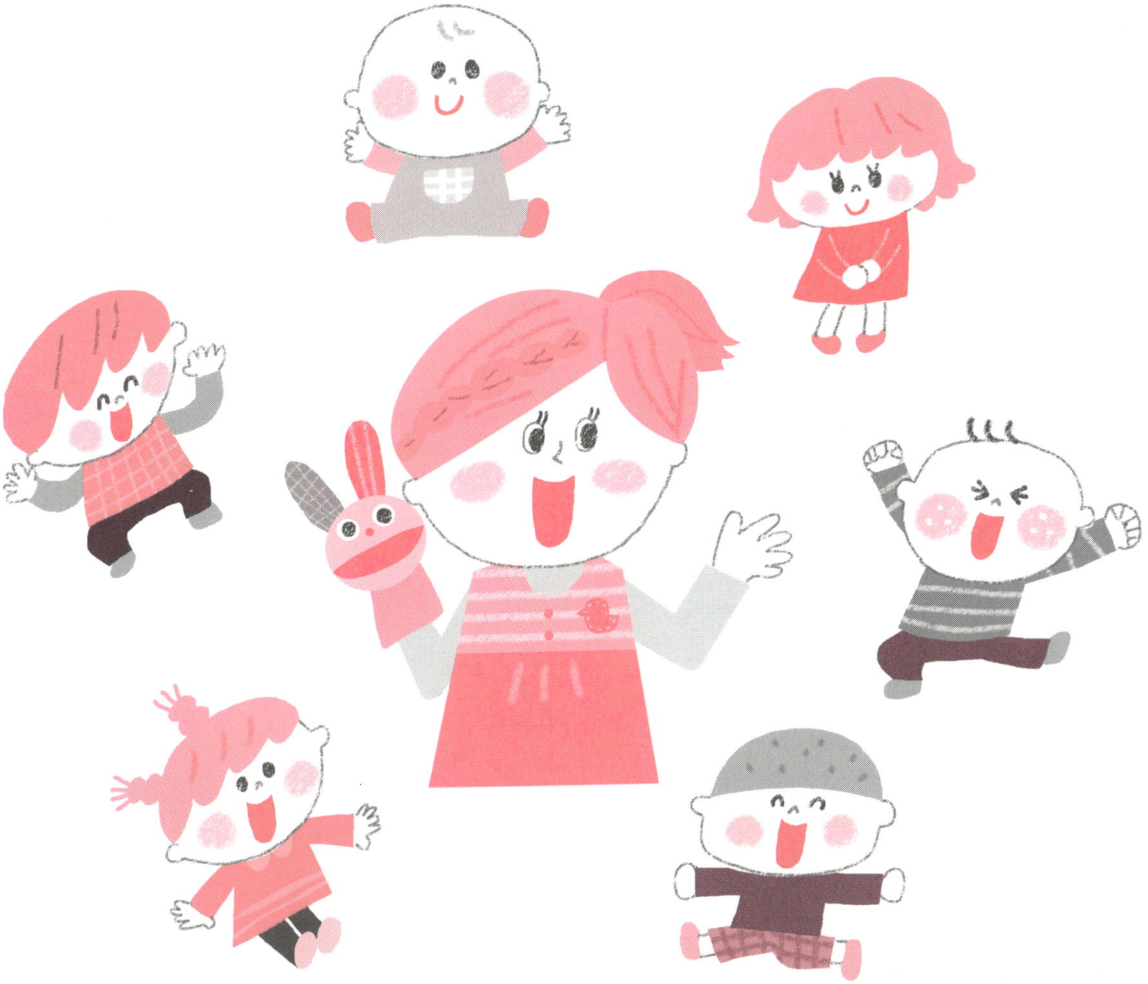

チャイルド本社

もくじ

はじめに …………………………………… 4

第1章 実習へ行く前に … 5

保育者になるためには ……………… 6
実習前に知っておきたいこと ……… 10
実習先が決まったら ………………… 14
子どもの発達を知ろう！ …………… 18
幼稚園と保育園の1日の流れを知ろう … 24
指導案を立てよう！ ………………… 26

第2章 きっとやる！絵本読み聞かせ … 29

読み聞かせの基本 …………………… 30
0歳児の読み聞かせのポイント …… 32
1歳児の読み聞かせのポイント …… 34
2・3歳児の読み聞かせのポイント … 36
4歳児の読み聞かせのポイント …… 38
5歳児の読み聞かせのポイント …… 40

部分実習
2・3歳児 絵本を用いたあそび …… 42
4歳児 絵本を用いたあそび ……… 46
★実習成長エピソード1 …………… 50

第3章 さあ！部分実習&責任実習 … 51

部分実習
0歳児 新聞紙を用いたあそび ……… 52
1歳児 シアターあそび ……………… 56
2歳児 造形あそび …………………… 60
3歳児 造形あそび …………………… 64
　　　 運動あそび …………………… 68
　　　 シアターあそび ……………… 72
4歳児 造形あそび …………………… 76
　　　 運動あそび …………………… 80
　　　 室内あそび …………………… 84
5歳児 造形あそび …………………… 88
　　　 運動あそび …………………… 92
　　　 室内あそび …………………… 96
　　　 科学あそび …………………… 100

責任実習
3歳児 幼稚園：身体あそび ………… 104
5歳児 保育園：プールあそび ……… 108
★実習成長エピソード2 …………… 112

第4章
実習日誌の書き方 113
- 保育記録・実習日誌の書き方 …………… 114
- 残念な実習日誌を見てみよう …………… 116
- 先輩の実習日誌を見てみよう …………… 118
- ★先輩保育者からのメッセージ ………… 130

第5章
実習お悩みQ&A 131
- 実習にふさわしい服装・髪型・メイクとは? … 132
- 自信をもって実習に臨むには? ………… 133
- 自分の名札は準備しておくべき? ……… 133
- 「遊んで!」とつぎつぎに言われたら? … 134
- けんかをしている子がいたら? ………… 134
- 保護者に質問されたら? ………………… 135
- 担当の先生がとても厳しいときは? …… 135
- お礼状は、書かなければいけない? …… 136
- 嫌われる実習生って、どんな実習生? … 138

第6章
知っていると役立つ! 導入あそび 139

手あそび
- くり かき バナナ ………………………… 140
- おでん ……………………………………… 142
- ミックスジュース ………………………… 144
- キャベツの中から ………………………… 146
- 5つのメロンパン ………………………… 148
- グーチョキパーでなにつくろう ………… 150
- でんでらりゅうば ………………………… 152

ミニシアター
- おはながわらった ………………………… 154
- まんまるちゃん …………………………… 156
- ふうせん …………………………………… 158

はじめに

　はじめての実習に行くにあたって、実習園でオリエンテーションを受けて帰ってきた学生さんから、よく相談を受けたのが「指導案を書いてくるように言われた」ということでした。

　保育現場においては、保育とは指導計画の上に成り立っているものですから、指導案を書いて保育をするのは当然のことです。しかし、私の勤務していた短期大学では、1年生の後期に最初の実習が実施されるため、指導案作成について十分に学ぶ間もなく実習に行くことになっています。学生さんたちは指導案の書き方をよく理解しないまま、実習に行かなくてはなりませんでした。はじめての実習で不安が募っている学生（実習生）さんにとって、子どもの姿を予測しての指導案作成は、なお不安を助長するものだと思いました。

　そのような保育現場と短期大学（大学）の授業とのギャップを埋め、まだ、指導を受けていない学生さんでも、指導案が書けるようになればとこの本を著作しました。

　養成校に通って、教育実習、保育実習、施設実習などを経験し、現在はそれぞれの保育現場で保育にあたっている現役の保育者の皆さんに、指導案を書いてもらいました。現場の雰囲気がそのまま伝わってくるような指導案になっています。これから実習に出かける学生の皆さんが、保育の楽しさを体験するために、この本を役に立ててもらえることを願っています。

徳永満理

第1章

実習へ行く前に

実習って、なにから準備すればいいの? そんな素朴な疑問にお答えするために、実習の意義や実習先の種類、おさえておきたい子どもの発達などをまとめました。まずは、実習の全体像を把握しておきましょう。

保育者になるためには

子どもの命を預かり、成長や発達にかかわる保育・教育職はとても重い使命をもつ職業です。保育者をめざす学生にとって学校での学習はもちろん、現場実習を行うことが進路を確定し、将来に向けての大切な体験となります。「保育者（先生）になりたい」という強い思いを原動力にして、単位取得や実習に励んでいきましょう。

必要な単位と実習期間

幼稚園教諭免許・保育士資格を取得するためには、理論や実技といった学校での学習に加え、現場実習を必ず行わなければなりません。実習とは、幼稚園教諭なら幼稚園に4週間、保育士なら保育園や施設に10～20日間、実際に保育者の一員となり、体験することをいいます。学習と実習を積み重ねていくことで、保育者という職業や自分自身と向き合いながら、子どもについての知識や理解をより深めていくのです。

●教育・保育実習の単位および履修方法●

科目名	履修方法	実習施設
教育実習（必修科目）	5単位（事前・事後指導1単位 幼稚園実習4単位）／4週間	幼稚園

実習種別	履修方法	実習施設
保育実習Ⅰ（必修科目）	4単位／20日	(A)
保育実習Ⅱ（選択必修科目）	2単位／10日	(B)
保育実習Ⅲ（選択必修科目）	2単位／10日	(C)

(A)…保育所及び乳児院、母子生活支援施設、障害児入所施設、児童発達支援センター（児童発達支援及び医療型児童発達支援を行うものに限る）、障害者支援施設、指定障害福祉サービス事業所（生活介護、自立訓練、就労移行支援又は就労継続支援を行うものに限る）、児童養護施設、情緒障害児短期治療施設、児童自立支援施設、児童相談所一時保護施設又は独立行政法人国立重度知的障害者総合施設のぞみの園
(B)…保育所
(C)…児童厚生施設又は児童発達支援センターその他社会福祉関係諸法令の規定に基づき設置されている施設であって保育実習を行う施設として適当と認められるもの（保育所は除く。）

厚生労働省「指定保育士養成施設の指定及び運営の基準について」より抜粋

実習のモデルスケジュール

	1年前期	1年後期	2年前期	2年後期	3年前期	3年後期	4年前期	4年後期
A 大学	実習指導		保育実習Ⅰ ※7月に12日間	保育実習Ⅰ ※3月に12日間	保育実習Ⅱか保育実習Ⅲを選択 ※7月に12日間	教育実習 ※9月に2週間	教育実習 ※6月に2週間	
B 短大	実習指導	保育実習Ⅰ ※9月に2週間 ※2月に2週間	保育実習Ⅱか保育実習Ⅲを選択 ※6月に2週間	教育実習 ※9～10月に4週間				

※実習のスケジュールは学校によって異なります。よく確認して、学校の方針に従いましょう。

実習がなぜ大切なのか

実習とは、幼稚園教諭免許・保育士資格を取得するために、保育現場に入り子どもや保育者とかかわりながら、学校で学んでいる保育の理論や実技を実践し、体験することでこれまでの知識をより確かなものにしていく学習の場です。頭で描いたイメージ通りではない実際の姿や自分自身を知る貴重な機会です。実習で行うことをしっかり理解しておきましょう。

1 保育者の職務および役割を体験し理解する

保育者には、子どものすこやかな発達と人格形成に深いかかわりをもつという重要な職務があります。保育の現場に参加することで、その重要性や専門性について理解するように努めましょう。

2 子どもとのかかわりを通して子どもの姿を理解する

実習は、実際に子どもとかかわることで、年齢による発達の違いや個人差があることなどを、身をもって体験できる場です。できるだけ子どもとかかわる時間を多くするように心がけましょう。

3 園生活を体験し理解する

実習では、幼稚園・保育園・認定こども園の生活を体験し、1日の流れを学びます。登園から降園までの毎日決まっている活動はなにか、そして、どのような指導案に沿って保育が実施されているのかを理解しましょう。

4 園の目標や方針を知る

園の考え方やそこからどのように保育につなげているのかを、実際の現場で見ることができます。事前に、「幼稚園教育要領」「保育所保育指針」「幼保連携型認定こども園教育・保育要領」「学校教育法」「児童福祉法」に目を通し、オリエンテーションで園の保育課程や教育課程、年間・月間指導計画、週・日案などを見せてもらいましょう。部分実習や責任実習（全日実習、1日実習）の指導案を考えるときにも参考になります。

5 観察・記録を学ぶ

実習ではまず、園の1日の活動の流れを理解します。そして、その中での子どもの動き、保育者の子どもに対することばかけ、対応などをしっかりと観察し、記録することを学びましょう。

実習の目標

実習を実りあるものにするためには、「実習では、ぜひこれを学びたい」と、自分自身の実習目標をしっかりと設定することが大切です。最大限のものを得るには目的意識をもち、なんでも吸収しようという積極的な姿勢が必要です。また、自分が保育者に向いているかどうかを見極めるのも、実習目標の1つでもあります。

実習目標は具体的に立てること

実習目標の内容は具体的に立てましょう。具体的であればあるほど、視点が定まり、指導案を作成したり記録を書いたりしやすくなります。

実習目標のポイント

1 子どもに関する目標

例：子どもの年齢による発達の違いを理解する、子ども同士のけんかへのかかわり方を学ぶ、授業で習った手あそびなどを子どもが楽しめるように実践する…など

2 保育者の仕事に関する目標

例：保育者の子どもへのかかわり方を学ぶ、指導案の立て方を学ぶ、1日の流れの中での保育者の仕事を学ぶ…など

3 保護者に関する目標

例：園の保護者支援の内容を知る、朝夕の送迎時における保護者と子どもに対する対応を学ぶ、保護者とも話をするように心がける…など

4 実習への意気込み

例：自分から積極的に子どもとかかわる、分からないことがあればそのままにせずできるだけ担当保育者に聞くようにする、健康に留意し実習期間を元気に過ごすようにする…など

実習の心構え

第1章 保育者になるためには

実習は社会経験の場でもあります。実習期間中は、職員から同僚と見られ、保護者や子どもからは先生と呼ばれる存在となり、地域の人たちからも「園の顔」として見られます。社会人としての節度あるふるまいを求められることを忘れないようにしましょう。

1 意欲をもって誠実に取り組みましょう

就職するしないにかかわらず、熱心な研究態度で臨むこと。

2 園児の健康・安全へのきめ細かい配慮を心がけましょう

乳幼児の生命を預かる場所です。常に保育者の視線で、危険なあそびや場所などに対して、責任感をもって配慮すること。

3 園の方針に従いましょう

自分で判断しかねることや、子どものけが、体調に関することは、必ず保育者に報告・相談をすること。

4 守秘義務の心得をもちましょう

実習の中で知った、子どものこと、家族のこと、保育者のこと、また、園の運営に関することは、友人や家族にも話さないこと。ネットなどへの書き込みも厳禁。

5 保育以外の園務も誠意をもって行いましょう

子どもと直接かかわりのないように見える、掃除、環境整備、教材準備も大切な仕事です。骨身を惜しまず、学びの1つとして取り組むこと。

6 特定の子どもとばかりかかわらないようにしましょう

全体を見ることも大切。園外においても、特定の保護者や子どもと特別な関係をもたないようにしましょう。

7 遅刻や早退は厳禁です

最低5分前にはすべての準備を終えて、勤務に就きましょう。体調を崩したときは、速やかに園に連絡を入れます。

8 提出物は期限を守って、きちんと出しましょう

指導案・日誌などは、必ず期限までに提出します。

9 私語は慎みましょう

保育中はもちろん、保育終了後の教材準備や作業のときも、私語を慎みましょう。携帯電話は電源を切って、職場に持ち込まないようにしましょう。

10 体調を整えましょう

健康管理に留意し、感染症予防のうがい・手洗いをしっかり行いましょう。

実習前に知っておきたいこと

「保育者になるために、なぜ実習が必要なのか？」実習の意義や心構えを理解したら、次は実習先を決定します。施設の内容や特徴を調べながら、希望する実習先を決めましょう。また、実習期間中、4段階で進められる実習内容についても確認しましょう。

実習先は大きく3つ

実習先は、幼稚園教諭をめざすなら幼稚園、保育士をめざすなら保育園と福祉施設になります。この3つの施設は、いずれも子どもの発達を促し、教育・保育する場でありながら、その目的や実習内容はさまざまです。預かる子どもの年齢や保育時間、保育者の役割などをそれぞれ確認しておきましょう。

幼稚園とはどんな所？

幼稚園は、学校教育法により幼児を保育し、幼児の心身の発達を助長することを目的とした施設です。教育機関のため「教育」を行う場とされますが、1日の流れはクラス活動や自由あそびといった「あそび」を中心に計画が立てられています。保育者はその計画に基づき、幼児一人ひとりが主体的に「楽しい」「やりたい」と思って取り組む「あそび」の援助を行います。

ポイント
- 1日の活動は「あそび」が中心。
- 「あそび」を通して教育（活動）を行う。
- 一人ひとりの主体性を尊重して援助する。

↓

幼稚園教諭免許取得のための 教育実習

保育園とはどんな所？

保育園は、児童福祉法により保育を必要とする乳児・幼児を保護者のもとから通わせて、保育することを目的としています。1日の大半を園で過ごすため、家庭的な雰囲気を重視した「養護」と、「あそび」と「教育」が一体となった保育を行います。特に、乳児とは養護の面で、保育者との相互的な信頼関係を作ることが大切です。また、保護者や地域の子育てを支える役割も担います。

ポイント
- 養護と教育が一体化した保育を行う。
- 子どもとともに保護者の支援もする。
- 一時保育など地域の子育て支援を行う。

↓

保育士資格取得のための 保育実習

第1章 実習前に知っておきたいこと

	幼稚園	保育園
目的	幼児を保育し、適切な環境をあたえて、その心身の発達を助長すること。	保育を必要とする乳児・幼児を保護者のもとから通わせて、保育すること。
対象年齢	満3歳児～就学前	0歳児～就学前
時間	標準4時間＋預かり保育（延長保育）	原則8時間＋延長保育
職員配置基準	1学級（原則35人）ごとに専任の教諭1人	0歳児は3人につき1人以上／1、2歳児は6人につき1人以上／3歳児は20人につき1人以上／4、5歳児は30人につき1人以上
資格	幼稚園教諭	保育士
根拠となる法律	学校教育法	児童福祉法
管轄	文部科学省	厚生労働省

認定こども園とは？

新しい保育施設

就学前の子どもに対して教育・保育を一体とし、一貫して提供する2006年に誕生した保育施設です。①認可幼稚園と認可保育園が連携した「幼保連携型」、②認可幼稚園に保育園の機能を加えた「幼稚園型」、③認可保育園に幼稚園の機能を加えた「保育園型」、④幼稚園・保育園いずれの認可もない地域の施設が認定こども園の役割を果たす「地域裁量型」の4タイプがあります。「保育時間が選べる」「就労の有無にかかわらず利用できる」などの理由から利用希望者も多く、認定こども園の数は年々増えています。実習では、①～④で取得できる資格が異なるため、事前に確認しましょう。

福祉施設とはどんな所？

福祉施設は、児童が心身ともにすこやかに生まれ、育成されるという児童福祉法を実現する施設であり、さまざまな困難やハンデをもつ子どもたちが、家庭から離れるなどして生活しています。大まかには養護と障がいの2種類があり（右表参照）、保育者は起床から衣類の着脱や食事、排泄、入浴、就寝まで、ほとんどの生活場面にかかわります。利用者が安全に安心して生活できるよう援助します。

ポイント

- 心身ともに健康な生活ができる衣食住を守る。
- 生活に必要な技術の習得やさまざまな体験をする。
- 個を大切にしながら集団生活のルールを学ぶ。

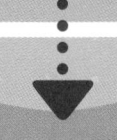

保育士資格取得のための 施設実習

福祉施設	施設の内容	実習内容
乳児院	乳児を養い育て、子どもが院を出てからも相談や援助を行う（安定した生活環境を確保するためなど、特別な必要があれば、幼児も入ることがある）。	乳児の年齢や発達の段階に応じて、必要な授乳や食事をあたえるとともに、排泄や午睡などの生活リズムを整え、一人ひとりの心身の発達を促す。
母子生活支援施設	配偶者がいない、またはこれに準ずる事情のある女性とその子どもを保護し、生活を支援する施設。施設を出てからも相談や援助を行う。	母子世帯を取り巻く社会的状況を理解し、私生活を尊重しながら、母親が就労中の子どもの健全な発達・成長を見守り、援助を行う。
児童厚生施設	子どもの健康を増進したり、情操を豊かにしたりするために、健全なあそびをあたえる施設（児童遊園や児童館などのこと）。	児童館など子どもが自由に利用できるあそび場で、子どもにあそびを指導する。子育て支援の強化により、乳児から小学生まで幅広い年齢の子どもとかかわることができる。
児童養護施設	保護者がいない、虐待されているなど、環境上養護が必要な子どもを保護して育て、施設を出てからも自立のための相談や援助を行う（特別な必要があれば、乳児も入ることがある）。	起床から就寝まで1日の大半をともに過ごす中で、日常生活の援助を行う。また、学校と地域とをつなぐ連携役を担う。
障がい児入所施設	障がいのある子どもを保護して治療を行い、1人で行動し生活していくために必要な知識や技能をあたえる。	一人ひとりの障がいの程度や行動パターンを理解し、日常生活の援助を中心に行う。特別支援学校への通学援助、施設内での作業準備なども行う。
児童発達支援センター	障がいのある子どもを自宅から通わせて保護し、1人で行動し生活していくために必要な知識や技能をあたえる。	障がいゆえにできない部分を支え、一歩先の課題を提供するなど、自立と社会参加に向けて必要な援助を行う。

※実習先となる福祉施設は、この他にもあります。

実習は4つの段階で進む

実習の方法は園や在籍する学校によっても多少違いはありますが、主に観察実習→参加実習→部分実習→責任実習という4段階で行われます。子どもの考え方や発達の様子、保育者の役割や仕事について、より深く学び理解につながるよう、一つひとつの実習の目的をきちんと知って臨みましょう。

実習段階

観察実習 ･･･ 子どもの様子やあそび、保育者の動きや仕事内容を、客観的な立場からよく観察する。

参加実習 ･･･ 担任保育者のサポート役として保育活動を体験し、仕事内容や子どもの実態を学ぶ。

部分実習 ･･･ 担任保育者の代わりに一定時間の活動を担当し、自ら計画を考え実践する経験を積む。

責任実習 丸一日の保育活動を担当し、実践を通して保育者の一連の仕事をより深く理解する。

子どもの生活や保育を客観的に見る　観察実習

保育活動には直接かかわらずによく観察することで、子どもの行動や発言から一人ひとりの考え方や興味をとらえるとともに、保育者の子どもとのかかわり方、信頼関係の築き方を学びます。また、保育室・園庭などの環境整備や事務作業なども含め、保育者の仕事内容を知り、園の活動の流れを把握することも大切です。子どもや保育者がなぜそのように行動したのか、一つひとつの意味を自分なりに考えるよう心がけ、疑問点は保育者に積極的に質問しましょう。

保育者といっしょに活動にかかわる　参加実習

実際に保育活動を体験しながら、保育者の役割や子どもの姿をより深く理解します。担任保育者を補佐することで、細かな指導・援助の方法を学んでいきましょう。子どもといっしょに遊ぶ中で、子どもの関心や友達同士の関係を知ることもできます。一人ひとりの子どもと意識的にかかわりながら、全体の流れにも気を配りましょう。また道具の準備や清掃など、さまざまな仕事を積極的に手伝うことが、部分・責任実習に進む上での土台となります。

その日の一部分を受けもつ
部分実習

朝の集まりや歌、絵本の読み聞かせなど、その日の保育活動のある一定の時間を担任保育者に代わって担当します。その場の状況に合わせて自分で判断しながら、子どもへの対応、環境整備、時間配分を考えて進行する必要があります。子どもの発達や興味を理解し、さらに前後の活動との兼ね合いや天候なども考慮しながら、事前に担任保育者の指導を受けて指導案を作成しましょう。実習後は必ず評価やコメントをもらうようにします。

部分実習のポイント

- 日程や担当する子どもの年齢を確認する。
- 担任保育者の指導を受けながら指導案を立てる。
- 使用する道具や材料を準備し、しっかりと練習しておく。
- ゆっくりと明るく話しかけ、子どもの前に立つことに慣れる。

登園から降園までの保育を行う
責任実習（全日実習、1日実習）

保護者への連絡や事務作業も含めて、1日の保育活動のすべてを、保育者の立場になって自分で計画し、実践します。生活のリズムに配慮しながら、日常的な園の活動に自分で考えたあそびや製作を盛り込む形で、指導案を考えましょう。子どもたちが楽しく充実した時間を過ごせるよう、十分な時間をかけて計画し、準備していくことが大切です。また、実習本番では想定外のことが起きても臨機応変に対応できるよう、自信をもって行いましょう。

責任実習のポイント

- 担任保育者の日案や週案とのつながりを考慮して指導案を作成する。
- 手あそびやマジックなどの簡単なあそびを多めに用意する。
- さまざまなハプニングを想定して対応方法を考えておく。
- これまでの実習で学んできた子どもの姿を理解し、精いっぱい取り組む。

実習先が決まったら

幼稚園・保育園・施設の実習内容や種類、またそれぞれの保育者の役割や仕事内容などを理解したら、実習先を決めます。希望を出して学校側が決める場合や、自分で実習先を探す場合などさまざまですが、実習園が決まったら本番まではあと少しです。実習園でオリエンテーションを受け、着実に準備を進めながら実習を迎えましょう。

実習ははじめてのことばかりで戸惑うことも少なくありません。大まかな流れを頭に入れることで、どのような課題をもって臨んだらよいか、いつまでになにを準備すべきかなど把握しておきましょう。

実習前後の流れ

1 実習で学んでみたいことを考えておく
これまで学校で学んだ知識や技術を生かせるよう、実習で「学びたいこと」を具体的にイメージします。

2 校内ガイダンス・先生方の話を聞く
各施設の実習内容や意味、目的、保育者の役割などを確認。実習に対する心構えや事前学習、事前準備を行います。

3 実習先を決定する
ホームページや学校にある資料・先輩の実習記録などをもとに、希望する実習先を選びます。
実習先の決定後、実習に必要な書類の準備をします。

4 実習園に連絡し、オリエンテーションの日程を決定
実習園に電話をして、オリエンテーションの日程を決定。オリエンテーションに必要な物を準備します。

5 実習園でオリエンテーションを受ける
実習園の方針や目標、施設の構造や環境などを理解し、実習の日程や担当クラスの確認を行います。
また、実習までに準備する物や提出物の期限なども確認しておきましょう。

6 いざ、実習当日！
教育実習（幼稚園）・保育実習（保育園）・施設実習（福祉施設）をそれぞれ約2〜4週間行います。
観察・参加・部分・責任実習を体験する中で、子どもとのかかわりや保育者の仕事について学びます。

7 実習園へのお礼状を書く
お世話になった実習園の先生方にお礼状を出します。※お礼状の書き方はp136〜137参照

8 反省・課題をまとめる
学校に戻り、実習での反省や課題点の見直しを行います。今後の進路、または次回の実習に向けて学習を行います。

オリエンテーションの依頼と準備

実習の1～2か月ほど前に、実習先の園を訪問し、あいさつとともに必要事項を確認するオリエンテーションが行われます。その実施をお願いするために、実習生は園に電話をかけて日程の相談をします。ほとんどの場合、この電話が実習園とはじめてコンタクトを取る場となるため、実習の始まりという謙虚な気持ちをもって臨むことが大切です。

> △△大学
> □□学科2年
> ○○と申します

第1章 実習先が決まったら

依頼の連絡を入れる

オリエンテーションの依頼は電話で行うことがほとんどです。ことばだけでのやりとりとなるため、下記の内容を確認しておき、丁寧に話すことを心がけましょう。また、先生たちが忙しい朝の登園時や夕方の降園時、昼食の時間帯に電話することは避けるようにします。

電話のマナー　チェックシート

- ☐ 園生活を考慮した時間帯ですか?
- ☐ 電話は静かな所でかけましょう。
- ☐ 用件はまとまっていますか?
- ☐ メモの準備はできていますか?
- ☐ 必ずはじめに名乗りましょう。
- ☐ 明るく丁寧なことばづかいで話しましょう。
- ☐ 相手が電話を切ってから切りましょう。

電話をかける手順

実習の1～2か月前に実習園に電話を入れます

1. 学校名、学科名、学年、氏名を伝える
2. 「実習オリエンテーションの件でお電話しました。園長先生(実習担当の先生)はいらっしゃいますか」と担当者につないでもらう
3. もう一度、学校名、学科名、学年、氏名を伝え、実習を受け入れてくださったお礼を述べる
4. 担当者と相談の上、日程を決める
5. 「○月○日○時に伺います」と復唱して間違いのないようすぐにメモを取る
6. 準備すべき事柄や提出書類、服装についての注意などを確認する
7. お礼を述べて電話を切る

オリエンテーションまでにしておくこと

オリエンテーションからすでに実習は始まっています。体調管理はもちろん、子どもに違和感をあたえない、清潔感のある身だしなみや髪の色を心がけましょう。提出書類や持ち物なども忘れずに準備します。実習先によっては、実習前に課題が出される場合もあります。また、当日の遅刻は厳禁です。時間には余裕をもって出かけ、遅くとも指定された時間の10分前には到着するようにしましょう。

持ち物の確認

- ・筆記用具
- ・メモ帳やノート
- ・上履き
- ・腕時計
- ・携帯電話
- ・指定の提出物　など

服装の確認

- ・スーツまたは清潔感のある服
- ・髪は不自然なカラーリングは避け、長ければまとめる
- ・ナチュラルメイク
- ・つめは短く切る(マニキュアNG)　など

オリエンテーションで確認しておきたいこと

オリエンテーションの目的は3つあります。第1は、実習に関する具体的な打ち合わせをするため。第2は、実習園の方針や目標などの説明を受け、実習園への理解を深め、具体的な準備につなげるため。第3は、実習園の環境、特に環境構成や教材に関する物理的環境について把握するためです。実習では短い期間に、多くのことを学びとらなければなりません。そのためには、実習園を事前訪問し、可能な限り情報を収集して、しっかり受け止めてくることが大切です。

オリエンテーションにおける確認事項

❶ 実習に関する具体的な打ち合わせ内容

- ☐ 実習生の出勤時間や服装
- ☐ 実習日誌の書き方と提出方法
- ☐ 給食の状況（給食がある場合は費用）
- ☐ 実習にともなう経費や書類
- ☐ 部分実習・責任実習の日程
- ☐ 配属クラス・実習方法・配属クラスの子どもの様子
- ☐ 実習の流れ
- ☐ 持ち物
- ☐ 園歌や歌の楽譜の有無
- ☐ どの程度子どもにかかわってよいか
- ☐ その他実習中の諸注意

※実習園からは、事前に配布されている個人表からの質問があるでしょう。実習目標などしっかり答えられるようにしておきましょう。

実習時の持ち物リスト
- ☐ 実習日誌　　☐ 腕時計
- ☐ 筆記用具　　☐ メモ帳
- ☐ ハンカチ・ポケットティッシュ
- ☐ 上履き・外履き
- ☐ 着替え・エプロン
- ☐ コップ・箸・歯ブラシ
- ☐ 絵本・楽譜など
- ☐ 実習用に準備した製作物など
- ☐ 学校から指示された書類
- ☐ 名札　　　　☐ 印鑑・朱肉
- ☐
- ☐
- ☐

＊オリエンテーションで指示された持ち物を空欄に書き入れましょう。

❷ 園の方針や目標、その他実習をより深く理解する内容

- ☐ 園の沿革
- ☐ 近隣の地域性
- ☐ 園の方針・特徴
- ☐ クラス名・クラスの構成・人数
- ☐ 1日の流れ（登園〜降園）
- ☐ 実習期間中の保育計画や行事、特別な準備物について

❸ 実習園の環境構成や教材に関する内容

- ☐ 部分実習や責任実習で使用させてもらえる教材や部屋について

実習までに準備しておくこと

第1章 実習先が決まったら

　実習で学ぶべき最も大切なことは、学校の講義で学んだ乳幼児の心身の発達を、実際に子どもとかかわる中で理解することです。実習までに、それまで学んだ理論と演習内容を復習し整理しておきましょう。実習を充実したものにするために、自分の目標をしっかり見据えて準備しましょう。

子どもの理解のための準備はできていますか？

- 子どもの発達について、年齢ごとの特徴を頭に入れておきましょう。特に、実習するクラスの子どもの発達の特徴はしっかりつかんでおきます。
- 自己紹介の準備をしておきましょう。どんな自己紹介をするのか考えて準備し、明るく元気に、笑顔を忘れないようにしましょう。

社会人としての準備はできていますか？

実習生も園の職員として勤務することになります。社会人としてふさわしいかが問われます。

- 身だしなみは適切なものになっていますか？
  髪の毛の長さ、色は適切ですか。服装のチェックは十分にしておきましょう。※ p132 参照
- いつでも、どこでも、誰にでも、すぐにあいさつができていますか？
  あいさつは社会人としての基本です。子どもたちや園長先生、主任の先生、担当の先生だけではなく、園のすべての職員、保護者の皆さんにあいさつを忘れないようにしましょう。
- 実習が将来の仕事につながっているという気持ちの準備はできていますか？
  仕事は厳しいものです。子どもにけがをさせたり、園の方針に合わない言動があったりすれば、注意や指導を受けるでしょう。素直に受け入れ、次への学びにするよう前向きに臨みましょう。

あそびの準備はできていますか？

園の1日は、あそびを中心に流れています。設定時間のあそび、登園後、昼食後、夕方の自由あそびなど、できるだけ多くのあそびを準備しておきましょう。

- 子どもたちが楽しめるようにあそび方をしっかり練習しておきましょう。
- 実習期間中の季節や子どもの関心に沿ったあそびを準備しておきましょう。
- あそびが、5領域のどれかにだけ偏らないように意識し、バランスよく準備しましょう。
- ピアノの弾きうたいを練習しておきましょう。合わせて手あそびやわらべうたもすぐ口ずさめるようにしておきましょう。

心と体の準備はできていますか？

心穏やかに子どもと笑顔でかかわるためには、日々の健康管理が重要となります。今の生活を見直して規則正しい毎日を送るようにしましょう。

- 早寝早起きを実行しましょう。
- 朝食は必ず食べて出かけましょう。
- 体に悪い所があれば治療しておきましょう。
- 前向きな思考が大切です。

子どもの発達を知ろう！

子どもとかかわるときは、対象の子どもがどのような発達段階にあるのかを理解しておくことが大切です。0歳から6歳までの子どもの発達の特徴をおさえ、個々の子どもに合わせて適切な援助ができるようにするのと同時に、発達を踏まえた指導案を書けるようにしましょう。

0歳〜6歳の発達の目安とあそび

	からだ	手指操作
0歳前半【1〜6か月頃】	【1〜2か月頃】 ・原始反射が現れる 【3〜4か月頃】 ・首がすわる ・手足が伸展し、手が開く 【5〜6か月頃】 ・寝返りをする ・原始反射がたいてい消失する	【1〜2か月頃】 ・原始反射が現れ、手指を握ってくる 【3〜4か月頃】 ・見たものをつかもうとする 【5〜6か月頃】 ・原始反射がたいてい消失する
0歳後半【7〜12か月頃】	【7〜8か月頃】 ・おなかを中心に方向転換 ・ずりばい ・おすわり ・一人ひとりの子どもに合った食事形態の離乳食を、食卓いすに座って食べる 【9〜10か月頃】 ・はいはい（ずりばいから四つばいへ） ・つかまり立ち 【11〜12か月頃】 ・高ばい ・伝い歩き ・片手支え歩き	【7〜8か月頃】 ・自ら手を出してつかむ、小さい物をかきよせて取ろうとする（熊手状把握） 【9〜10か月頃】 ・両手に物を持ち、打ち合わせる ・容器の中に物を入れる ・小さい物を指先でつまもうとする（はさみ状把握） 【11〜12か月頃】 ・物を容器に出し入れして遊ぶ ・小さい物を指先でつまむ（ピンチ把握）

発達をとらえる視点

- 発達は、障がいがあっても、どの子も同じ発達の道筋をたどります。たとえばはいはいの後に歩行をするというように、発達には順序性があります。
- 発達は、たとえばことばの遅れと歩行の獲得に関連があるというように、他の機能と連関しています。
- 発達には、「量的変化」をする時期と、「質的変化」をする時期があります。
- 発達は、「できる」「できない」ではなく、その「質」に注目することが重要です。

第1章 子どもの発達を知ろう！

心	あそび
【1～2か月頃】 ●物や人を注視する　●あやしてくれる人の目を注視する **【3～4か月頃】** ●180度の追視 ●喃語(なんご)を発する(アー、ウーウー、ウックンウックン) ●あやすとほほえんだり、声を出して笑う(おはしゃぎ反応) **【5～6か月頃】** ●360度の追視 ●喃語の活発化(ブーブー、バーバー、アブー) ●「おはしゃぎ反応」の活発化 ●大人にほほえみかける	●自分で姿勢を変えることは困難。あおむけからうつぶせにする、抱いたりするなどして、いろいろな姿勢がとれるようにする ●「いない いない ばあ」などの大人と向かい合ってのあやしあそびをたっぷりとして「おはしゃぎ反応」を引き出す ●天井からつり玩具(がんぐ)をつるし、手を伸ばせばつかんで遊べるような環境を設定する ●向かい合わせにうつぶせにして遊ぶなど、子ども同士を意識させる 
【7～8か月頃】 ●喃語がさらに活発化(アブアブなど) ●大人に対する能動的発声の活発化 ●人見知り　●じっと見つめたり、顔を合わせて笑う **【9～10か月頃】** ●反復喃語(マンマンなど)　●音声や動作模倣の活発化 ●名前を呼ばれると振りむく　●指さしが始まる ●分離不安が始まる　●他児と同じことをして喜ぶようになる **【11～12か月頃】** ●初語の出現(マンマなど)　●チョーダイが分かり物を渡す ●名前を呼ばれると手を挙げる　●鏡に写った自分を見て笑う ●分離不安が強まる ●大人との共同あそびや子ども同士でも共感するあそびを楽しみ始める	●自ら移動するようになるので空間を広くし、障害物がないようにする ●探索活動が活発になるので、おもちゃなどを自由に取り出して遊べるようにする ●手あそび、揺さぶりあそび、絵本の読み聞かせ、散歩、ボールでのまてまてあそびなど、友達といっしょに大人とのかかわりあそびをたっぷり楽しむ 

	からだ	手指操作
1歳前半	・一人立ち ・一人歩き(歩くことそのものを楽しむ) ・テーブルといすが別々になっているいすに座って食事をする	・指先への力の集中 ・2つの物を合わせるあそび ・なぐり描き
1歳後半	・歩行の安定化(目的をもった歩行へ) ・しゃがむことができる ・階段の上り下りができる(1段ずつ足をそろえながら) ・方向転換の行動がとれる(行って戻るなど) ・スプーンを使って食事をする	・対象的行為(用途に合った道具の使用)の獲得 ・細かい物を指先でつまむ ・ぐるぐる丸を描く ・積み木を3個以上積む
2歳前半	・歩行の確立(転ばずに歩くようになる) ・その場で両足跳び ・階段を足を交互に出して上り、下りるときは1段ずつ足をそろえて下りる ・排泄(はいせつ)の身体的機能が整ってくるので、大人の手を借りながら排泄が自立してくる	・両手を使って道具を操作する(シャベルやコップなど) ・ビンのふたを回す ・粘土をちぎったり丸めたりしようとする
2歳後半	・風に向かって走る ・片足立ち ・足を交互に出して階段の上り下りをする ・脱いだり着たりが、大人の助けを借りながらできるようになる	・道具の使用の広がり(はさみ・箸など) ・おりがみを折ろうとする ・閉じた丸を描き、○○と見立てる
3歳頃	・全身をバランスよく動かせるようになる(走る、よじのぼる、飛び降りるなど) ・両足連続跳び ・手すりにつかまらなくても階段の上り下りができるようになる ・食事や着替え、排泄が1人でできるようになる	・はさみの連続切りができるようになる ・クレヨンなどで、自分なりの「つもり」で描こうとする

心	あそび
●一語文の出現（マンマ、ワンワンなど）　●指さしがさかんになる ●〜するふりなどの「つもり」行動の芽ばえ ●やってみたい気持ちの芽ばえ（自我の芽ばえ） ●分離不安が一層強まる（後追い、大泣き） ●大人の意図や行動の意味を理解し始める ●大人をあそびに誘い、共同あそびを楽しむ ●友達に向けた行動が多くなる 	●室内でも障害物を取り除き、自由に歩いて探索できるお散歩ごっこを楽しむ ●公園では土の上をたっぷり歩き、ブランコやシーソーに乗って遊ぶ ●追いかけっこなど、大人を媒介に友達とダイナミックにかかわって遊ぶ ●絵本の中の食べ物などをつまんで食べるふりや動物のふりをして遊ぶ ●手指を使って、容器に物を入れたり出したり、積み木を積んだり崩したりして遊ぶ
●一語文から二語文へ ●自分なりの「つもり」（意図）が強まり「イヤ」が出現する ●可逆の指さしの出現（大人の質問に答える） ●簡単なお手伝いに応じ、ほめられると喜ぶ ●だだごね「イヤ！」（自我の拡大） ●友達とおもちゃの取り合いなどのトラブルが多くなる ●友達と同じことをやりたがる	●花や虫などを見つけたり、触ったりしながら、ぶらぶら散歩を楽しむ ●砂利道やでこぼこ道、砂場の周りの枠など、高低差や高さのある所を歩いたり、公園ではすべり台に上ってすべったりするのを楽しむ ●絵本に指をさしたり、知っている物の名前を言ったりして楽しむ ●数人の友達とイメージを共有して、お風呂に入ったり、ご飯を食べたりするまねあそびを、大人といっしょに楽しむ ●水、砂、土などの変化する素材に体ごとでかかわり、感触あそびを楽しむ ●小さな物をつまんで容器に入れたり出したり、小麦粉粘土をちぎったりして遊ぶ
●語彙数の増加（三語文へ） ●「コレハ?」などの質問をさかんにし、ミンナノ、ジュンバン、イッショなど、周りの人を意識したことばが多くなる ●大小の比較が始まる ●自己主張するだけではなく、相手の考えや言うことが分かるようになる ●ほめられて得意になる ●友達とのトラブルが増える ●友達同士、共感的あそびが広がる（ごっこあそびなど）	●友達と手をつないで公園など目的の場所に行き、自分の目的の遊具（ブランコ、すべり台など）を大人に見守ってもらいながら楽しむ ●水、砂、土など変化する素材を使って、ジュースなどに見立てたり、自分なりのイメージを膨らませて、小麦粉粘土を伸ばしたり丸めたり、段ボールを車に見立てたりして遊ぶ ●絵本を見て自分なりに気が付いたことなどをことばにしながら楽しみ、読んだ後は絵本に登場したものになって遊ぶ
●簡単な絵本のストーリーが分かるようになる ●見通しをもった行動（〜をしてから〜する）がとれるようになる ●大小、多少、長短の比較ができるようになる ●なんでも「ジブンデ！」とやろうとする反面、「デキナイ」とやってもらおうとする ●「ミテテ」と言いながら、自分のしていることを認めてもらいたがる ●「アソボウ」と友達を誘うようになる ●2〜3人くらいの友達と、見立て・つもりあそびをするようになる ●友達をなぐさめたり、思いやる行動も出てくる	●公園の大型遊具などに1人で挑戦して遊ぶ ●水、砂、土などの変化する素材を使って、どろだんごなどを作って遊ぶ ●ひも通し、シールを貼ったりはがしたり、小麦粉粘土で作った物をおだんごやへびなどに見立てるなどして楽しむ ●段ボールを車に見立てて運転士になったり、お客さんになったりして、数人の友達と簡単なごっこあそびを楽しむ ●簡単なストーリーのある絵本を見ながら、気付いたことをことばにした後、登場人物や物の役になって表現するのを楽しむ
●おしゃべりがさかんになり、大人との対話を楽しみ始める ●形容詞（オイシイなど）が増える ●「ドウシテ?」と質問が多くなる ●経験したことを話すようになる ●3までの数や色の名前が分かるようになる ●台形やひし形など形の違いを見分けることができるようになる ●自己主張が強まり、友達とのぶつかり合いが増える一方で、数人の友達とつもり・見立てあそびやごっこあそびを楽しむようになる	●しっぽ取り、リレー、影踏みなど、簡単なルールのあるあそびを楽しむ ●ジャングルジムなどの大型遊具に大胆に挑むことを楽しむ ●ビーズなどの細かい物をよく見て通し、首飾りを作ったりして楽しむ ●クッキングでだんご作りをしたりして、物を作ることを楽しむ ●はさみなどを使って、季節の製作物やごっこあそびに使う物を作って遊ぶ ●少し長いストーリーの絵本を読んだ後、気付いたことをおしゃべりして楽しむ。その後、おもしろかった所を友達とイメージを共有して遊ぶ ●おかあさんなど、自分のなりたい役を決めて友達とごっこあそびを楽しむ

	からだ	手指操作
4歳頃	・自分の体を自由にコントロールできるようになる ・一定の距離を歩く(2〜3km)　・起伏のある所を好んで歩く ・勢いよく走ることを楽しむ ・2つ以上の違った動きをまとめる動作ができる(リズムに合わせてスキップするなど) ・体育遊具を楽しむ(鉄棒での足抜き、尻上がりなど) ・マナーを知って食事を楽しむ ・もよおしたとき、自らトイレに行き、排便後の始末を自分でしようとする ・男子は立って排尿をする ・自立入眠、起床をする　・排泄後や食前の手洗いをする ・食後の歯磨きをする ・ひと通りの着脱ができる(脱ぐ、着る、たたむ) ・衣服の前後、靴の左右が分かり始める	・はさみで自由に切り、のり付けし、製作を楽しむ ・指先できつねを作る ・好きなようにおりがみを折る ・どろだんごを完成させる ・大人をまねて、こまを回そうとする ・びゅんびゅんごまを回そうとする ・粘土を丸めたり、伸ばしたりしてイメージした物を作ろうとする
5歳頃	・指示された動きを自分の意思でコントロールできる ・散歩の距離が長くなり、持続して歩く(4〜5km) ・でこぼこ道を走ったり、相手の歩くスピードに合わせることができる ・2つ以上の違った動きをまとめるようになる(跳び箱、縄跳びなど) ・みんなで盛り付けて食卓を作る ・箸を自由に使う ・残さないで食べる ・三角食べを意識する ・自らトイレに行き、排泄後は手を洗う ・鼻をかむ ・身の周りの片づけをする ・身だしなみを整える ・服装の調節をする	・片結びをする ・はさみを連続して使う(直線や曲線など) ・簡単なおりがみを折る(チューリップなど) ・技法や素材を理解して楽しむ(はじき絵など) ・感触あそびを発展させて遊ぶ(砂場で川やトンネル作りなど) ・いろいろな道具を使いこなすようになる(筆など) ・両手操作のあそびが豊かになる(釘打ちをする、あやとりなど) ・構成あそびが豊かになる(ピースの多いパズルや自分のイメージした物を組み合わせて形にするなど)
6歳頃	・自分の体を自由にコントロールし、2つ以上の違った動作をまとめ上げて楽しむようになる(ケンパ、側転など) ・遠出の散歩(5〜6km)も目的をもってしっかり歩き、走るスピードが速くなる ・走りながら方向転換や、スピードのコントロールをする ・障害物を乗り越えて走る。体育遊具を使いこなし、達成感を味わう(跳び箱…5段、のぼり棒…頂上まで上り下りる、鉄棒…逆上がり、縄跳び…連続跳び、竹馬…一定の高さに乗り、歩く、ボール…目標に向かって投げる、受ける、蹴るなど) ・友達と食事内容を味わいながら楽しく食べる ・時計を意識して、時間内に食べ終わる ・当番で分担して食卓作りをする ・食具(箸、スプーン、フォークなど用途に応じて)を使いこなす ・体に合った服、靴などを着用し、身なりを整える ・つめや髪を切ってもらい、清潔に気をつける	・両手を使って細かな作業をし、物を作ることを楽しむ ・はさみを使いこなす(切り込みを入れる、固い物・柔らかい物などいろいろな素材を切る) ・本を見ておりがみを折る　・針と糸を使って物を作る ・リリアンでえりまきなどを作る ・三つ編みができ、ちょう結びができる ・大工工具を使った活動をする ・筆を使い色を塗る

心	あそび
●文字に興味をもち始める ●人や物の名前の意味を理解して言える ●簡単な伝言ができる ●見たり、聞いたり、思ったりしたことなどを順序に従って話す ●修飾語（形容詞、副詞など）を使って話し始める ●しりとりを楽しむ ●5〜7くらいまでの数を数え、その数の意味が分かる ●きのうときょう、きょうとあしたの区別、関連が分かり始める ●気持ちのコントロールができ、相手の気持ちが分かり始める ●楽しい経験の中で「またやろう」と約束事をするようになる	●目的に応じて公園や場所を選び、少し長い距離も、歌をうたったり、しりとりをしたりしながら歩く。アスレチックを楽しんだり、季節を感じたりしながら全身を使って遊ぶことを楽しむ ●平均台、鉄棒、竹馬などの体育遊具を使ったあそびや、かくれんぼやしっぽ取り、色おになどのおにごっこを楽しむ ●チラシやカタログなどを自由に切ってコラージュにしたり、粘土を丸めながらイメージした物にしたり、土を掘る所から乾いた砂をかけてどろだんごにしたりするなど、物を作る工程を楽しむ ●少し長いストーリーの絵本を最後までしっかり聞いて、自分の感じたことや気付いたことをことばにして伝え合う。絵本を読んだ後、即興で役割を決めて遊んだり、しりとりあそびなどのことばあそびをしたりして楽しむ 
●物の名前の意味や特質を理解する（体の各部位、動物や乗り物の総称が分かる、命名するときに理由が言え、全体と部分の違いが分かる） ●文字を読む ●見聞きしたことをそのまま伝えようとする ●大小、重軽、長短の区別ができる ●道順をあっちそっちなどで伝えるようになる ●興味や関心をもったことに、「ドウシタノ？　ナゼ？」と聞く ●友達を意識して自分の気持ちをコントロールする ●役割が分かって当番活動ができる 	●おにごっこなど、ルールのあるあそびを通して、すばやく逃げるなどスピード感を楽しんだり、リズムに合わせてスキップ、ギャロップ、ツーステップなどを楽しむ ●鉄棒（前回り、後回り）、跳び箱（4段を跳ぶ）、縄跳び（連続跳び）などの体育遊具を使いこなし、目的に向かって投げる・受けるなどのボールあそびを楽しむ ●砂場で友達と共同で、山、トンネル、川などを作って遊ぶ ●びゅんびゅんごまやひもこま回しなどを、友達と技術を競って遊ぶ ●いす取りゲームやフルーツバスケットなどのゲームを集団で楽しむ ●絵本のストーリーが分かり、読み終えた後は感じたことを自由に発言したり、絵本の登場人物などでやりたい役になり即興で劇あそびを楽しむ ●しりとり、早口ことばなどのことばあそびをみんなで楽しむ
●見聞きしたことに自分の思いを込めて伝える ●多い・少ないなどの間にちょっとだけ多い・ちょっとだけ少ないという中間があることが分かる ●きのう、きょう、あしたの区別と関連が分かる ●10までの数え、その数の意味が分かる ●家までのルートを説明したり、地図を描いたりする ●ルールが分かり、グループ活動ができる ●人の気持ちが分かり、人を多面的に見るようになり（話し合いの中でお互いを理解するなど）、自分の気持ちをコントロールするようになる	●住んでいる地域を越えた場所にある、公園をめざしての遠足を楽しむ ●体育遊具を使いこなして楽しんだり、氷おになどのおにごっこやだるまさんがころんだ、ドッジボールなどを集団でダイナミックに遊んだりする ●指先を使って細かい物を操作したり、作ったりして遊ぶ（あやとり、縫いとり、リリアンなどの編み物、つるなどを折る、筆を使って水彩画を描く、かなづちや釘などを使って船などを作る） ●絵本は長いストーリーも最後までしっかり聞いて、読み終わったら、主人公の心情やストーリーのメッセージなどを発言し合う。また、役割分担をして登場人物などになり、劇あそびで遊ぶ ●絵本だけではなく、1日では読み終われない幼年文学などの続き読みを楽しむ ●しりとりや回文などのことばあそびや、詩や俳句などを通して、ことばのおもしろさを楽しむ ●行事のときのポスターや招待状などを作成して、文字を書くことを楽しむ

幼稚園と保育園の1日の流れを知ろう

園の方針に基づいて立てられた登園から降園までの1日の生活の流れを、デイリープログラムといいます。保育者は次の活動内容や時間配分など、一歩先を見据えながら動くことが大切です。幼稚園と保育園それぞれの1日の過ごし方や保育者の仕事を、あらかじめ確認しておきましょう。

幼稚園のデイリープログラム

幼稚園は、標準4時間の保育時間の中に、1日のメインとなる「主活動（クラス活動）」を設定しています。小学校へと続く教育機関であるため、活動の中心には「教育」がありますが、これらは子どもたち自身が主体的に取り組めるあそびを通して行われます。また、17時頃まで預かり保育（延長保育）を行う園も増えています。
※認定こども園についてはp11 参照

幼稚園の1日（例）

時間	子どもの活動、流れ	保育者の行動
8:30～9:15	●順次登園	●あいさつや声かけをしながら、子どもの様子を観察する。
9:00	●好きなあそび	●環境を整え、子どもの活動に合わせた援助をする。
10:00	●集まり	●出欠を確認し、全員で顔を合わせてあいさつする。
10:30	●クラス活動	●活動内容の説明、子どもの活動に合わせた援助をする。
	●好きなあそび	●子どものあそびに合わせて援助をする。
11:30	●片づけ	●教室を整える。
11:45	●昼食(準備～片づけ)	●準備、食事中、片づけまで一人ひとりに応じて援助する。
12:45	●好きなあそび	●子どものあそびに合わせて援助をする。
13:45	●降園準備、集まり	●着替えなどを援助、きょうのできごとや連絡事項を話す。
14:00	●降園	●保護者にきょうの子どもの様子を伝え、あいさつする。
	●預かり保育	●子どもの様子を観察しながら、降園まで見守る。
17:00頃	↓	↓

24

保育園の デイリープログラム

子どもたちが8時間以上の長い時間を過ごす保育園は、養護の視点が重要になります。食事や睡眠、排泄など基本的な生活習慣を軸とした活動の流れがあり、くつろいだ雰囲気の中で養護と教育が一体的に行われるよう配慮されています。0〜2歳児の乳児、3〜5歳児の幼児でプログラムが分けられます。さらに、生活リズムの異なる0・1歳児のプログラムを別に設定する園も多くあります。また、異年齢保育を行うところもあります。

第1章 1日の流れを知ろう

保育園の1日（例）

0・1・2歳児

時間	子どもの活動、流れ	保育者の行動
7:00	●早朝保育 ●順次登園	●あいさつや声かけをしながら、子どもの様子を観察する。
7:30〜9:00	●登園後、好きなあそび	●検温後、子どもの様子に合わせた援助をする。
9:00	●集まり	●出欠を確認し、あいさつをする。
9:15	●おむつ交換、排泄 ●水分補給、おやつ	●乳児の発達に合わせた援助をする。 ●乳児の様子を観察しながら水分補給、おやつをあたえる。
10:00	●クラス活動 ●授乳、または離乳食	●子どもの活動に合わせた援助をする。 ●乳児は発達に従って授乳、離乳食の援助をする。
11:30	●昼食（準備〜片づけ） ●おむつ交換、排泄	●準備、食事中、片づけまで一人ひとりに合わせて援助をする。 ●乳児の発達に合わせた援助をする。
13:00	●午睡	●眠れない子、目覚めた子の援助をする。
14:30	●午睡終了、着替え	●検温後、着替えの援助をする。
15:00	●おやつ ●おむつ交換、排泄	●必要に合わせて援助をする。 ●乳児の発達に合わせた援助をする。
15:30	●好きなあそび	●子どもの様子に合わせた援助をする。
16:00	●順次降園	●保護者にきょうの子どもの様子を伝え、あいさつをする。
18:00	●時間外保育（延長保育）	●子どもの様子を見ながら、降園まで見守る。
19:00	↓	↓

3・4・5歳児

時間	子どもの活動、流れ	保育者の行動
7:00	●早朝保育 ●順次登園	●あいさつや声かけをしながら、子どもの様子を観察する。
7:30〜9:00	●登園後、好きなあそび	●子どもの様子に合わせた援助をする。
9:00	●集まり ●水分補給	●出欠を確認し、あいさつをする。 ●子どもの様子を観察しながら水分補給する。
9:30	●クラス活動	●子どもの活動に合わせた援助をする。
11:00	●昼食（準備〜片づけ）	●準備、食事中、片づけまで一人ひとりに合わせて援助をする。
13:00	●歯磨き、着替え ●午睡	●歯磨き、着替えの援助をする。 ●眠れない子、目覚めた子の援助をする。
14:30	●午睡終了	
15:00	●おやつ ●好きなあそび	●子どもの様子に合わせた援助をする。
16:00	●順次降園	●保護者にきょうの子どもの様子を伝え、あいさつをする。
18:00	●時間外保育（延長保育）	●子どもの様子を見ながら、降園まで見守る。
19:00	↓	↓

指導案を立てよう！

指導案はあくまでも子どもの活動を「予測」した計画ですから、実習先で実際の子どもの姿をよく観察し、担当保育者に指導を受けながら立てることが大切です。指導案は、おおむね5つの項目に分かれています。その流れに沿って書いてみると、保育の流れも実習生のやるべき援助も明らかになってきます。さあ、立ててみましょう。

指導案とは？

幼稚園には「教育課程」、保育園には「保育課程」という計画があります。それぞれの園の目的や目標を達成するための保育内容を示したものです。それを受けて、指導案（指導計画）があります。指導案はさらに子どもの生活や活動を通した、年・期（季）・月などの長期的な指導案と、それに関連しながら日々の子どもの生活に即した、週・日などの短期的な指導案があります。

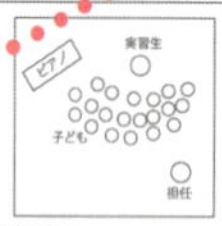

いずれにしても、子どもの成長・発達を確かなものにし、豊かな人間性をもった子どもを育てていくには、具体的な保育のねらい・内容を書いた指導案が必要となります。実習生には、保育計画の全体像を把握し、短期的な日案の作成が求められます。

指導案の5つの項目

指導案を書くときにポイントとなる5つの項目。各項目にはなにを記入するのか見ていきましょう。

1 子どもの姿
担当クラスの実習時の子どもの姿や発達について書く。

2 ねらい
その日の子どもの主活動に対するねらいを書く。部分実習ではその活動に対するねらいを書く。

3 環境構成
活動に必要な教材準備、用具の配置、子どもの活動隊形などを書く。

★ 内容
主活動の内容を書く。

4 予想される子どもの活動
その日の主活動に対して子どもが取り組んでいる姿をイメージして書く。

5 保育者の援助及び配慮
子どもの活動に対する実習生の声かけ、配慮、援助について具体的に書く。

指導案記入のポイント

各項目を記入するときに、どんなことがポイントになるか、確認していきましょう。

第1章 指導案を立てよう！

1 「子どもの姿」を書くときの3つの視点

（1）あそび…子どもたちがどんなあそびに興味、関心をもっているのか。
（2）人とのかかわり…大人や友達とはどんな関係なのか。
（3）健康・生活・安全…基本的生活の自立はどの程度なのか。

2 「ねらい」は主活動を通して育てたい子どもの姿を書く

（1）実習生だけで考えるのではなく、担当保育者の立てた週案の流れを受けて書く。
（2）子どもを主語にして書く。例：「（子どもが）〜を楽しむ」「（子どもが）〜について興味をもつ」など。
（3）季節感に配慮する。

3 「環境構成」は準備物や子どもの活動隊形を書く

（1）主活動に必要な教材、道具について書く。用意する数や置き場所などできるだけ詳しく書く。
（2）机などの配置や保育者の立つ位置、子どもの座り方などについて書く。図を描き入れると分かりやすい。

4 「予想される子どもの活動」は子どもの動きを予測して書く

（1）責任実習では、登園から降園までの日々の決まった子どもの活動と、その日の主活動の始まりから終わりまでを時間軸で書く。部分実習では、担当する活動の始まりから終わりまでを書く。
（2）子どもを主語に書く。例：「（子どもたちが）〜をする」など。
（3）主活動への子どもの反応、興味、どのように発展していくのか、その展開の時間経過などを予測して書く。

5 「保育者の援助及び配慮」は子どもへのかかわり方やあそびの展開などを書く

（1）子どもがどのようにあそびを始めて、どのように終わるのかを予測して書く。
（2）あそびを展開するときのことばかけや保育者の立つ位置なども予測して書く。
（3）配慮の必要な子どもなどを事前に把握し、いくつかの対応を考えて書く。
（4）主活動の中で起きやすいハプニングを予測して書く。

部分実習指導案作成のポイント

1日の保育の一部を担当することで、保育者としての子どもたちとのかかわり方や指導のあり方を学びます。

- 担当する部分と前後の活動とのつながりが途切れないようにする（担当保育者に相談する）。
- 担当部分の「ねらい」を立てて、「主活動」の内容を決めて書く。
- 担当部分の導入・活動の展開・終了の時間を決めて書く。
- 子どもの動きを予測して、子どもの活動隊形や子どもへのことばかけなどを書く。

責任実習指導案作成のポイント

保育は、登園・朝の集い・主活動・食事・終わりの集い・降園などと1日の流れがあります。その流れの時間配分を行い、保育の組み立て方を学びます。

- 毎日ほぼ決まっている内容、「登園」「降園」などを記入する。
- 「主活動」のねらいと活動内容を決める。
- 「主活動」の導入・活動の展開・終了にかかる時間を決める。
- 「主活動」を中心に、前後の活動（片づけ・排泄・衣類の着脱・食事など）の時間配分を決める。

指導案作成の成功の鍵は、活動の展開をイメージすること

料理をするときにいきなり作り始めることはありません。基本的にはどんな料理を作りたいかを想像して献立を立てます。家を建てるときもしかりです。どんな家を建てたいのか願いを込めて設計図を書きます。その内容が綿密であればある程おいしい料理ができあがりますし、しっかりとした家が建ちます。

保育にも同じことがいえるでしょう。自分がどんな保育をしたいのか、どんな子どもに育ってほしいのかという願いを込めて綿密な指導案を書くことが求められます。そのためには、学校で学んだ保育理論と内容をもう一度振り返り、自分のものにし、保育に対するイメージを大きく膨らませて実習に臨むことです。

次のページからは、より具体的に実習について学んでいきましょう！

第2章

きっとやる!
絵本読み聞かせ

絵本の読み聞かせは、実習生が園で取り組む活動の中でも、最もポピュラーに行われているものです。手軽に取り組めると思いがちな読み聞かせ。けれども、ひと口に読み聞かせと言っても、年齢ごとに配慮するポイントが異なり、事前の準備も欠かせません。読み聞かせを基礎からしっかりマスターしましょう。部分実習に使える指導案も紹介しています。

読み聞かせの基本

各年齢の読み聞かせのポイントをおさえる前に、
どの年齢にも共通する読み聞かせの基本事項を確認しておきましょう。

読み聞かせの大切さ

文脈の中で使えることばが身につく

　おむつが濡れた、おなかが空いた、眠いなど、生きていくために必要なことを泣いて訴えていた赤ちゃんは、やがてことばを覚え、コミュニケーションをしたり、ものを考えたりする道具として使うようになります。子どもは絵本に出会うことで、意識せずにたくさんの日本語を"引き出し"に入れていきます。そのことばは孤立した単語ではなく、文脈の中で使えることばとして記憶され、さまざまな場面で考えたり、使ったりするようになります。

イメージを豊かに描き、「想像」から「創造」を生み出す

　絵と文で構成された絵本は、子どもたちの視覚と聴覚に働きかけ、「ここにいて、ここにないものを見る」という、目に見えない世界をもたらしてくれます。つまり、実際の生活の中だけでは経験できない場面に出会い、イメージする喜びを知るのです。そして、やがて、イメージから豊かな「創造」が生み出されるのです。

読み聞かせの前にしておきたいこと

担当クラスの年齢・発達に沿った絵本を選んでおく

　絵本の対象年齢は下限はあっても上限はないと言われます。乳児に長くて深いメッセージのある絵本は無理ですが、赤ちゃん絵本は大人でも楽しめるということです。そのことを念頭において、その年齢に合った絵本を選んでおきましょう。

下読みは3回くらいしておく

　長いストーリーの絵本はもちろん、赤ちゃん絵本なども、何度か読んでことばの意味やストーリーの展開をよくつかんでおかないと、その絵本の楽しさ、おもしろさを子どもたちに十分伝えることができません。まして、つっかえてばかりでは、子どもたちは興ざめしてしまいます。下読みすることで失敗が防げます。

新しい絵本はしっかり開いておく

　絵本は絵がよく見えることが重要です。画面をしっかり開いていないと、絵が見えにくくて内容に集中できません。特に新しい絵本はページが開きにくいので、事前に綴じてある部分をしっかり開いておきましょう。また、ページに挟んであるしおりなども抜いておきましょう。読んでいる途中で落ちてくると、子どもたちは気になって集中できなくなります。

下読みで防げる失敗

- その1　読み間違い
- その2　しかけ絵本のめくり間違い
- その3　表現の仕方の誤認

読み聞かせのコツ

姿勢 （2歳児以上）

絵本の片手持ちを練習
絵本の底の部分を片手でしっかり持ち、画面を立ててしっかり開いて、できるだけ自分の体の横に掲げるようにします。読みながらもう一方の手の指で、次のページを開く準備をしておくと、スムーズに読み聞かせを展開できます。

座る位置は高過ぎず、低過ぎず
絵本を読み聞かせるとき、子どもはたいていの場合、床に直に座ります。子どもはそこから絵本を見ることになるので、保育者が大人のいすに座っていると、見上げる形になり、首が疲れてしまいます。また、保育者も床に座ってしまうと、人数が多い場合は後ろの子どもが見えにくくなります。そこで、子ども用のいすをおすすめします。

読み方

ハートで読む
読み聞かせは上手下手だけでは量れないものです。読んであげる子どもたちのことが大好きで、この子どもたちに楽しんでもらいたいという熱意が最も大切です。

ゆっくり読む
絵本の多くは文が短くて、文で表現されていないことは絵で描かれています。つまり、絵の中にたくさんの情報が描かれているのです。子どもは文を聞きながら絵を見るということを同時進行させていることを理解して、文はゆっくり読んで絵をじっくり見せるようにしましょう。

オープニングとエンディングが子どもたちを引き付けるカギ
絵本は表紙からお話が始まっています。表紙の絵をよく見せて、タイトルをしっかり読んで、これから始まるお話への期待感をもたせることが大切です。また、エンディングをどうするかも重要です。絵本の世界に夢中になった子どもたちは、もっとお話が続いてほしいと願っています。「はい、おしまい！」と終わらずに、余韻を残して子どもたちの感じたことを話し合う、おしゃべりタイムをもちましょう。

棒読みはNG
昔話は静かに語るように、ファンタジーや冒険物語はハラハラドキドキ感を込めて、メッセージ性のある心情絵本は気持ちを込めてなど、絵本のジャンルに合わせてメリハリを付けましょう。ただし、どのジャンルの絵本も、あまり大げさにならないように読みましょう。

子どもの心の中のつぶやきを聞く
絵本を見ているときの子どもたちはとても静かです。しかし、心の中はストーリーの展開に沿いながら躍動しています。自分の体験と合わせて共感したり、「なぜ？　どうして？」と不思議がったり、疑問をもったりしています。それをことばにすることが多々あります。そのつぶやきを聞き逃さないようにするのも大切です。

0歳児の 読み聞かせのポイント

大人に自分から喃語で語りかけるなど、コミュニケーションを取り始める0歳児。
読み聞かせを通してより豊かな関係を築きましょう。

0歳児前期

人数・姿勢

だっこして

首が座り始める3か月頃から一人座りがまだできない7か月頃までの赤ちゃんは、だっこをして、1対1で読みましょう。複数の赤ちゃんがいる保育園などでは、順番にだっこして読みます。だっこされていないときは、ラックなどに座って見られるようにするといいですね。

絵本選びのポイント

絵に集中できる絵本

この頃の赤ちゃんは視力が弱く、ことばの理解は不十分です。ストーリーのある絵本より、絵が大きくはっきりしていて、一場面完結で、人や動物は正面向きで両目がそろって描かれている、絵に集中できる絵本を選ぶとよいですね。

リズムのあることばの絵本

ことばはまだ理解できなくても、話しかけてくる大人のことばに耳を傾ける赤ちゃんには、リズムのあることばが書かれた絵本を選びましょう。ことばへの興味を引き出してくれます。

読み方のポイント

体を揺すったり、うたったりしながら楽しもう

ことばのリズムに合わせて、体を左右に軽く揺すったり、文章に節をつけてうたうようにして読むことをおすすめします。ことばがまだ分からない赤ちゃんにも、絵本を読んでもらっていることが体に伝わって、楽しむようになるでしょう。

擬音語・擬態語は臨場感を込めよう

動物の鳴き声や歩いている様子の「とことこ」などのことばは、平淡にならないようにします。たとえば、ねこなら、本当に鳴いているように読みます。すると、赤ちゃんはその大人の様子に注目するでしょう。

おすすめ絵本リスト

『おつむ てん てん』
作：なかえ よしを／絵：上野 紀子
（金の星社）

『あっぷっぷ』
文：中川 ひろたか／絵：村上 康成
（ひかりのくに）

『もこ もこもこ』
作：谷川 俊太郎／絵：元永 定正
（文研出版）

『いない いない ばあ』
文：松谷 みよ子／絵：瀬川 康男
（童心社）

0歳児後期

人数・姿勢

1人で座って

8か月頃の赤ちゃんは、ことばが分かり始め、絵本を見るのを楽しむようになります。一人座りもできるようになるので、もうだっこではなく、床に直に座って自分から絵本を見られるようにしましょう。はじめは読んでいる途中で離れてしまうこともありますが、続けることが大切です。絵本のおもしろさに引き寄せられて、自由に見ることを楽しむようになります。

絵本選びのポイント

赤ちゃんがよく知る身近な物が描かれている絵本

人や物の認知がはっきりしてきて、人見知りや場所見知りが始まる頃です。0歳児前期のポイントに加えて、赤ちゃんの知っている動物や食べ物、普段身に付けている物が描かれている絵本を選ぶと、絵をよく見るようになります。

読み方のポイント

読んでいる所を、指で押さえてみよう

7か月頃の赤ちゃんは、絵本より大人の読んでいる顔をじっと見ることが多いのですが、だんだんとことばを聞いて絵本の絵にも視線がいくようになります。そこで、もっと絵本に視線が向くように、読んでいる場面の絵を指さしてみましょう。そうすると、絵にも関心をもつようになり、自分から絵を見るようになります。

読み聞かせの後は、体を動かして遊んでみよう

読み終わったら、おもしろかった場面や動物などの身振りを再現してみましょう。模倣が好きになっている赤ちゃんたちは、次第に保育者のまねをするようになります。そうして遊びながら、絵本の場面や登場した物のイメージをとらえるようになるのです。

おすすめ絵本リスト

『にんじん』
作・絵：せな けいこ
（福音館書店）

『とんとんとんとん ひげじいさん』
構成・絵／藤本 ともひこ
（ひさかたチャイルド）

『はーい！』
作：宮西 達也
（アリス館）

『じゃあじゃあ びりびり』
作・絵：まつい のりこ
（偕成社）

1歳児の 読み聞かせのポイント

ことばをしゃべり始め、物事とことばが一致し始める1歳児は、絵本の中のたくさんのことばを覚え、物事をイメージでとらえるようになります。身近なことが描かれている絵本との出会いを、たっぷり楽しめるようにしましょう。

人数・姿勢

- 指さしをしやすい態勢に
- 目を見て読もう
- 床に座らせて

指さしをしやすい態勢で

絵本を見ながら、自分の知っている物が出てくると指さしをしてきます。この指さしは、絵本をよく見ていて分かっているということで、とても大切な行為ですから、指さしがしやすい態勢を作るようにしましょう。

- **その1** 子どもは床に直接座り、体が自由に動かせるようにする。
- **その2** 保育者も低い姿勢になり、絵がよく見えるようにし、指さしをしやすくする。
- **その3** 子どもの人数は10人から13人前後で楽しめるようにする。

絵本選びのポイント

身近な物が描かれていて、分かりやすい文章の絵本

散歩など生活やあそびの中で体験したこと、動物や食べ物など知っている物が出てくる絵本を喜ぶでしょう。

簡単なストーリーのある絵本

ことばが分かり始め、物のイメージを描けるようになると、一場面完結の赤ちゃん絵本では物足りなくなります。絵を見る力も育ってくるので、簡単なストーリーのある絵本を好むようになります。絵や文が少し複雑な絵本も選びましょう。

第2章 読み聞かせ 1歳児

読み方のポイント

絵本の世界へ引き込む リアルな声色

　ことばが分かり始めたばかりで、物のイメージをスムーズに思い浮かべるのはまだ困難です。動物の鳴き声や電車の走る音などを、本物そっくりにまねて読むと、絵本の世界に入りやすくなり、楽しんでくれるでしょう。

指さしをしっかり受け止めて、動作やことばのまねを引き出す

　読んでいる最中に指さしをしたら、共感して受け止めましょう。また、食べ物が出てきたら、つまんで子どもの口元に持っていって食べるまねができるようにしたり、動物の鳴き声のまねをしたりして楽しみましょう。

再現あそびで お話の余韻を楽しもう

　読んだ後は、絵本に出てきた乗り物や動物になって再現あそびをしましょう。絵本で出会ったことばを体で経験することで、イメージする力が育つのと同時に、次の絵本の時間への期待につながります。

おすすめ絵本リスト

『だるまさんが』
作：かがくい ひろし
（ブロンズ新社）

『ぶらぶらさんぽ』
作：とくなが まり、みやざわ はるこ
（アリス館）

『タンタンの ハンカチ』
作：いわむら かずお
（偕成社）

『おべんとくん』
作：真木 文絵／絵：石倉 ヒロユキ
（ひさかたチャイルド）

『がちゃがちゃ どんどん』
作：元永 定正
（福音館書店）

『ももんちゃん ぽっぽー』
作・絵：とよた かずひこ
（童心社）

『おくちをあーん』
作：きむら ゆういち／絵：長谷川 義史
（ひさかたチャイルド）

『たぬきのじどうしゃ』
作：長 新太
（偕成社）

2・3歳児の 読み聞かせのポイント

想像する力を手に入れて、イメージの世界を膨らませ始める2歳児。ことばで周りの人たちとコミュニケーションをとれるようになる3歳児。心をときめかすいろいろなジャンルの絵本に出会いながら、イメージすることの楽しさを広げていきましょう。

2歳児

人数・姿勢

みんなといっしょに

「ちょっと待って」「少しがまんする」など気持ちの調整ができ始め、視力も育ってきて0.5〜1.0程見えるようになります。遠近の感覚も育ってきます。後ろの方でも絵がよく見えるようになってくるので、15人くらいなら、みんなでいっしょに見る共有感を楽しみましょう。

絵本選びのポイント

ちょっと長いストーリーの絵本も

プロローグから始まり、展開・エンディングがしっかり構成されている絵本を好むようになります。また、自我が拡大し、充実してくる2歳児です。子どもたちが自分の気持ちに気付ける絵本も選びましょう。

実体験をベースにした絵本を

起承転結のある物語といっても、あまりに現実からかけ離れているファンタジー絵本などは難しいです。2歳児が知っている内容や自分の実体験が土台になって展開し、そこからイメージが膨らむような絵本がよいでしょう。

読み方のポイント

ゆっくり読んで、絵をじっくり見せる

2歳児は、文章を聞いて一生懸命に絵を見て、絵からストーリーの内容を理解していることが多いのです。ゆっくり文章を読んで絵をじっくり見せることが大切です。読後は、即興で絵本の中の登場人物などになって遊んでみましょう。想像力が育ってきているので、子どもも楽しめます。

子どもの発見を受け止め共感しよう

絵の中に描かれているなにかを発見するのを楽しむのもこの頃です。指さしをしたり、ことばで知らせようとしたりします。読んでいる最中だとつい無視してしまいがちですが、頷くだけでもいいのです。「よく見つけたね」の思いを込めて共感することが大切です。

おすすめ絵本リスト

『ころわんが ようい どん!』
作：間所 ひさこ／絵：黒井 健
（ひさかたチャイルド）

『どろだんご つくろ』
作：とくなが まり、みやざわ はるこ
（アリス館）

『ねずみくんのチョッキ』
作：なかえ よしを／絵：上野 紀子
（ポプラ社）

『おおきなかぶ』
再話：A・トルストイ／画：佐藤 忠良
訳：内田 莉莎子（福音館書店）

3歳児

「ここにしよう」

人数・姿勢

大勢でも快適に聞く態勢を整えよう

想像力の育ちの中で、絵本の中に自ら入って絵本を楽しめるようになってきます。20人くらいで見るのが通常になってくるので、自分で見える場所を選んで座るように指示しましょう。

絵本選びのポイント

ちょっと背伸びした絵本も

5歳児が読んでいるような長くて複雑な展開の絵本は、理解できない所もありますが、ちょっと背伸びしながらも楽しめるようになります。物語の世界との出会いは、考える力を育んでくれます。ゆっくり出会えるようにしましょう。

いろいろなジャンルの絵本を

知らない世界や未体験の事柄への興味・関心が膨らんできます。ファンタジーや冒険物語、昔話、科学絵本など、新しい世界を広げてくれる絵本に出会えるようにしましょう。

読み方のポイント

表紙をゆっくり見せよう

物語は表紙の絵から始まっています。ゆっくり見せてタイトルを読むと、子どもたちから期待の声が聞こえてきます。その声を受け止めながら読み始めると、自然に絵本の世界に入ってくるでしょう。

静かに語るように読もう

自分なりのイメージが膨らむようになるので、読み手の大げさな抑揚や声色はかえって邪魔になります。子どもたちが自分なりのイメージをもてるように、静かな声で語りかけるように読むことが大切です。

お話の流れを止めずに最後まで読もう

想像力が育ってきたといっても、まだことばの理解は十分ではありません。途中でことばを挟んできたり、指さしをしたりするなど、集中できなくなることがあります。読み始める前に、「最後まで聞くこと」「お話は終わってからすること」を約束しておくことをおすすめします。

おすすめ絵本リスト

『ねずみの でんしゃ』
作：山下 明生／絵：いわむら かずお
（ひさかたチャイルド）

『さつまのおいも』
文：中川 ひろたか／絵：村上 康成
（童心社）

『ぐりとぐら』
文：なかがわ りえこ／絵：おおむら ゆりこ
（福音館書店）

『11ぴきのねこ』
作：馬場 のぼる
（こぐま社）

『らっこのラッキー』
作・絵：いりやま さとし
（ひさかたチャイルド）

第2章 読み聞かせ 2・3歳児

4歳児の 読み聞かせのポイント

コミュニケーション力が増し、友達とのぶつかり合いも話し合いで解決し始める4歳児は、ことばへの興味・関心が強くなってきます。同時にことばを使って物事を考える力も育まれていきます。想像力を広げる絵本は、いよいよかけがえのない友達となっていくのです。

人数・姿勢

全員が見える体勢で

大勢で見る場合が多くなるので、全員に絵がよく見えるように配慮することが大切です。

その1 絵本は字や絵を隠さないように、片手で底を持ち、画面をしっかり開く。

その2 自分の体の横に掲げて、体より前に絵本を出す。

その3 一場面を読み終わったら、その場面を皆が見やすいようにゆっくり見せてから、次のページをめくる。

絵本選びのポイント

ことばあそびの絵本

ことばが生活の中に位置付けられてくると、ことばそのものへの興味・関心が膨らみ、ことばは音の集まりであることをおもしろがるようになります。それは、日本語の五十音への関心の始まりであり、書きことばにつながる大切な気付きです。しりとりあそびなど、ことばあそびの絵本にたくさん出会えるようにしましょう。

現実から離れた、物語の世界の絵本

4歳児は、虚構と現実の世界の行き来が自由にできるようになり、「実際にはありえないけれど、あったらおもしろいだろうな」という世界を楽しむようになります。ファンタジー絵本や昔話、冒険物語、そして、ナンセンス絵本などに出会いながら、現実から離れた物語をたっぷり楽しみましょう。

読み方のポイント

絵をしっかり見せよう

　文章と絵の関係を確かめながら、物語の内容をより深く理解しようとします。文章はゆっくり読んでその意味がしっかり伝わるようにしましょう。絵の中には文章では書ききれない情報が多く描き込まれていますから、じっくり見せましょう。そうすることで、目に見えない世界を想像することを楽しむようになります。

少し難しい絵本は説明を加えながら

　長くて複雑な展開の物語の中には、知らないことばや分かりにくい場面などがあり、「どうして？」と聞かれることもあります。はじめて読む絵本に多いですから、そのときは、読むのを中断して軽く説明をすると、安心して絵本に集中できるでしょう。

読後はおしゃべりタイムを取ろう

　読み終わったら、「はい、おしまい！」ではなく、感じたこと・疑問に思ったことなどを自由に話し合う時間を取りましょう。友達の話を聞くことで新しい発見があるなど、より一層絵本のおもしろさに気付くことでしょう。

即興で劇あそびを楽しもう

　物語がおもしろいほど登場人物に憧れて、その物語の世界を自分たちでやってみたくなります。特に4歳児はヒーローやヒロインに人気が集中します。交代で希望の役になり、子どもたちの気に入った場面を即興の劇あそびに発展させましょう。

おすすめ絵本リスト

『999ひきのきょうだいのおひっこし』
文：木村 研／絵：村上 康成
（ひさかたチャイルド）

『からすのパンやさん』
絵・文：かこ さとし
（偕成社）

『まめうしくんとあいうえお』
作・絵：あきやま ただし
（PHP研究所）

『めっきらもっきら どおんどん』
作：長谷川 摂子／画：ふりや なな
（福音館書店）

『おむすびころりん』
文・絵：いもと ようこ
（金の星社）

『わんぱくだんのにんじゃごっこ』
作：ゆきの ゆみこ、上野 与志
絵：末崎 茂樹
（ひさかたチャイルド）

『むしたちのうんどうかい』
文：得田 之久／絵：久住 卓也
（童心社）

『くれよんのくろくん』
作・絵：なかや みわ
（童心社）

第2章 読み聞かせ 4歳児

5歳児の 読み聞かせのポイント

話しことばに文脈が出始め、言いたいことを熱意を込めて語るようになるのと同時に、友達の話もしっかり聞けるようになってきます。それは、心の中に自分と対話するつぶやき語（内言）が生まれているからです。そのような5歳児にとって、絵本はかけがえない友達となります。深いメッセージのある絵本にたっぷり出会えるようにしましょう。

人数・姿勢

快適に聞ける態勢を速やかに

　人数が増えて見えにくい場合は、自分で見やすい位置を探し、速やかに聞き始められるように、互いに協力し合うよう伝えることが大切です。また、正座で見るように促し、学びの場であることを伝えましょう。

その1 読み聞かせの途中で発言したいことがあっても、最後まで聞いてから発言することをルール付けする。

その2 読後の発言は1人の子に集中しないように、手を挙げて言うというルールにするのもよい。また、友達が発言しているときはよく聞くというルールも大切。新たな発見や気付きになることを伝える。

絵本選びのポイント

心に訴えて波紋を投げかける絵本

　自分と他者との関係を考え始める時期です。主人公の生き方に感動したり、反発したり、内面に響くような絵本との出会いは、豊かな感情を子どもに呼び起こしてくれるでしょう。

知的要求に応える絵本

　就学前になり知的要求が高まってきます。ファンタジー絵本、冒険物語、ナンセンス絵本、ことばあそびの絵本などで思考力を柔軟にしながら、自然科学や平和、命など幅広いジャンルの絵本に出会い、心を大きく育てていきましょう。

文章量の多い絵本や幼年童話

　1日では読み切れない、続き読みが必要な本など、すぐに結論が出ない物語の魅力を楽しみましょう。

読み方のポイント

絵本のジャンルに合わせよう

　昔話は静かに語るように、ファンタジーや冒険物語はメリハリを付けてハラハラドキドキ感を出して、メッセージのある絵本は情感を込めてなど、絵本のジャンルに合わせた読み方が大切です。ただし、大げさな声色や表現は、その作品世界を壊してしまうので要注意。読み手自身が作品世界に入り込み、自分自身の感動を伝えることが大切です。

おしゃべりタイムで物語の理解を深めよう

　読後は、感じたこと、理解したこと、不思議に思ったことなどを自由に発言する時間を取りましょう。感想を強要せずに、保育者がゆったりとした気分で聞く姿勢さえあれば、子どもたちの方からあふれるように話したいことが出てきます。

絵本の内容を深めよう

　絵本体験はあくまでも虚構体験です。その世界をより深く理解するためには、実際の物事をよく知ることが必要です。科学絵本で生物の世界を知ったら、実際の生物に触れたり、冒険物語のハラハラ感を劇あそびなどにして、体で表現したりすることで、絵本のメッセージをより深く感じ取ることができるでしょう。

おすすめ絵本リスト

『ぞうのエルマー』
文・絵：デビッド・マッキー／訳：きたむら さとし
（BL出版）

『もったいないばあさん』
作・絵：真珠 まりこ
（講談社）

『へんしんトンネル』
作・絵：あきやま ただし
（金の星社）

『きみだれ？』
文・写真：松橋 利光
（アリス館）

『じごくのそうべえ』
作：田島 征彦
（童心社）

『すてきな 三にんぐみ』
作：トミー・アンゲラー／訳：今江 祥智
（偕成社）

『どうぞのいす』
作：香山 美子／絵：柿本 幸造
（ひさかたチャイルド）

『ふゆじたくのおみせ』
作：ふくざわ ゆみこ
（福音館書店）

第2章 読み聞かせ 5歳児

部分実習　2・3歳児

絵本を用いたあそび
ストーリー性のある絵本を楽しむ

絵本のストーリーをイメージできるようになってくる2・3歳児。子どもたちといっしょに、絵本のストーリーを楽しみ、読後は絵本に登場したワンピースを着たつもりになって遊びましょう。

ねらい

- 真っ白なワンピースが、歩くごとにその周りの景色の模様になるうれしさを、うさぎさんの気持ちになって楽しむ。
- 読んだ後は、自分でイメージしたワンピースを着たつもりになって、見立て・つもりの世界を楽しむ。

遊び方

はじまり	あそび				おわり
絵本が見える場所を自分で選んで座る。	絵本の表紙を見て、自分の思ったことをことばにする。	始まったら、文をよく聞き、絵をしっかり見て、話の展開を理解しようとする。	途中での指さしやおしゃべりを我慢する。	終わったら、自分の思ったことをことばにする。	うさぎさんのワンピースを着たつもりになって楽しむ。

これでバッチリ！ 実習前の下準備

準備する物

■絵本
『わたしのワンピース』
作/にしまき かやこ（こぐま社）

■子ども用のいす1脚
（読み手の保育者用）

読み聞かせのコツ

下読み

読み間違い防止はもちろん、絵本のメッセージを正しく伝えるために、3回以上下読みを行いましょう。

Point!
- ☆ お話の流れやキーワードをつかむために黙読をしてあらすじを理解します。
- ☆ 情報が詰まった絵と文の関係をとらえて、絵の見せ方を考えながら読みます。
- ☆ スラスラと読めるように音読をします。

持ち方と姿勢

子どもが絵本の世界に集中できるよう、安定した絵本の持ち方や姿勢を身に付けましょう。

Point!
- ☆ 持ちやすい方の手で絵本を持ち、肩から顔の横あたりに絵本を掲げ、まっすぐ立てます。
- ☆ 開いたときに安定するように、底の部分を5本の指でしっかり持ちます。
- ☆ 新しい絵本の場合、1ページずつしっかり開いて折り筋を付けておきます。

活動の流れとポイント

第2章　2・3歳児　部分実習

1 保育者の声かけで、それぞれ見やすい場所を選んで、保育者の前に座る。

保育者
子どもたちに、それぞれ見やすい場所を選んで座るよう、声かけをする。絵本を持って座り、子どもたちが全員そろうまで、手あそびをして待つ。

全員がそろうまでの時間にすること
1. 朝のできごとやきのうのことを聞き出すなどして会話を楽しみます。
2. 手あそびで集中力を高めます。
3. 絵本を読むことを知らせて、それぞれ好きな場所を選んで座ってよいことを告げます。

2 見る場所を決めたら、保育者が読み始めるのを楽しみにしながら静かに待つ。

保育者
子どもが全員そろったら、最後まで静かに聞くなど読み聞かせの約束事をする。

約束事をするときの工夫
1. 「少し長いけど最後まで聞けるかな?」などとお兄ちゃんお姉ちゃん意識を引き出します。
2. おしゃべりが止まらないときは、「もう、読んでもいいですか」と声をかけます。
3. 「いいですよ」と子どもたちの気持ちが1つになってから読み始めます。

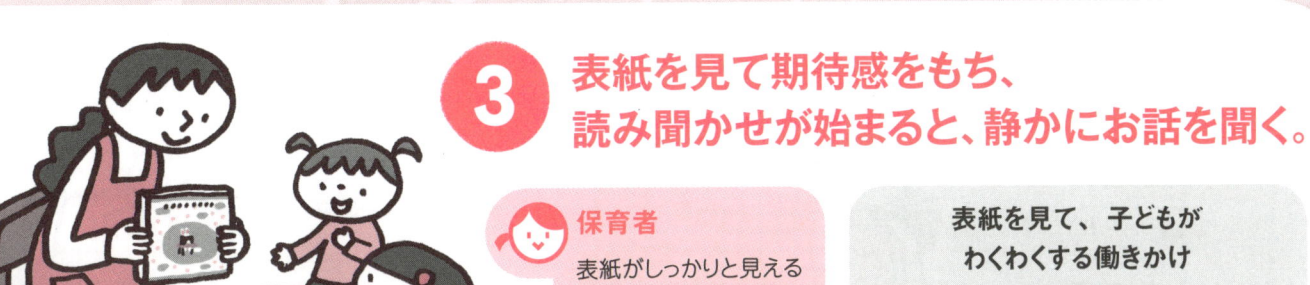

3 表紙を見て期待感をもち、読み聞かせが始まると、静かにお話を聞く。

保育者
表紙がしっかりと見えるようにし、子どもの視線を引きつける。どんな話が始まるか、子どもが話すのを受け止めて読み聞かせを始める。

表紙を見て、子どもがわくわくする働きかけ
1. タイトルと著者名をゆっくり読んで、表紙の絵をよく見るように促します。
2. 子どもから出てくる、絵の中の気付きを大切に受け止めます。

43

4 口はさみや指さしなどは我慢して静かに読み聞かせを見聞きし、保育者からの問いかけに答える。

保育者
「はなもようのワンピース わたしににあうかしら」など、作品中の問いかけに子どもたちが返してくれるように読む。子どもたちの能動的な参加を促す。

途中で話しかけてきた子どもへの対応
1. 口はさみや指さしをしてきたら、黙って頷いて読み進めます。
2. それでもやめないときは、「読み終わったら聞くね」と軽く言って読み進めます。

5 読み聞かせが終わったら、気付いたことや思ったことを、積極的にことばにして言い合う。

保育者
絵本の中のどのワンピースが好きか問いかける。

（ふきだし：にじ色のが好き／あのね）

読後のことばかけなど
1. 途中で口はさみや指さしをした子どもに、「さっきの所、みんなに教えてくれる?」と問いかけて、皆でいっしょに見て、子どもの気付きを広げます。
2. 見ていて気になった絵や気付いたことなどを言う子どものことばは、どんなことも聞きましょう。
3. 文や絵の中で保育者が皆に気付いてほしいことを示して、それぞれの子どもの思い付きをことばにするよう促します。

もっと楽しくなる♪ アレンジ

絵本の中で、楽しかった所やおもしろかった所を、体で表現して遊ぶ。

うさぎさんになり、好きなワンピースを着たつもりになって遊ぶ。

遊び方
保育者

保育者は絵本に登場したワンピースを1着選び、着るふりをする。
↓
子どもたちに、保育者をまねして、それぞれ好きなワンピースを着るふりをするよう促す。
↓
みんなでうたいながらスキップする。

（ふきだし：ラララン ロロロン）

活動の後で
あそびの継続性を意識した片づけを

その日読んだ絵本は、表紙を前にして、子どもたちがいつでも見えるようにして置き、楽しかった物語の世界を思い出せるようにしておきましょう。

指導案

大学　実習生氏名（　　　　　　　　）

10月 10日（木）		3歳児	うさぎ 組

子どもの姿	◎それぞれの子どもの思いが強く、ぶつかり合いが多い。しかし、保育者を仲介して話し合うように促すと、お互いに納得して仲よく遊ぶ姿が見られる。 ◎生活の節目に、手洗いや排泄などを自分で励行する姿が見られる。	在籍児	男児	7名
ねらい	◎ストーリー性のある絵本を静かに聞く。 ◎物語の展開を理解し、登場人物に自分の気持ちを重ねながら見て楽しむ。 ◎気付いたことや思ったことを積極的にことばにする。	^	^	^
内容	◎ストーリー性のある絵本の読み聞かせを楽しむ。	^	女児	8名

時間	環境構成	予想される子どもの活動	保育者の援助及び配慮
9:00		○排泄、手洗い、うがいを済ませる。	○子どもたちが自ら排泄、手洗い、うがいをしているか見届ける。 ○子どもたちに、トイレが済んだら絵本を読むことを伝えておく。
9:30	[配置図：ピアノ、実習生、子ども、補助の保育者、担任] 準備する物 ○絵本『わたしのワンピース』 　作/にしまき かやこ（こぐま社） ○手あそび ○子ども用のいす1脚 （読み手の保育者用） ○保育者は日差しの入る窓を背にするのを避ける。	○保育者の前に集まり、それぞれ見やすい所に座る。 ○最後まで絵本を見ることを保育者と約束する。 ○読んでもらうことを楽しみにしながら、絵本の表紙の絵やタイトルに関心をもって見る。 ○応答の場面では、応答するのを楽しみながら、絵本の物語の展開を楽しむ。	○絵本を持っていすに座り、手あそびなどをしながら全員がそろうのを待つ。 ○全員そろうが、前に座ろうとする子どもが多い場合は、後ろの空いている所に行くと見えるということに気付くようにし、バランスよく座るように促す。 ○少し長いが、終わりまで静かに見て聞くように子どもたちと約束事をして、読み始める。 ○表紙が子どもたち一人ひとりによく見えるように掲げ、視線を引き付け、ゆっくりタイトルを読み、絵を見やすいようにする。 ○どんな話が始まるのか、想像したことをことばにするのを受け止めてから、本文を読み始める。 ○「はなもようのワンピース わたしにあうかしら」などの問いかけを子どもが返してくるように読み、能動的な参加を楽しむように促す。この場合は、静かに見聞きすることよりコミュニケーションを重視し、それぞれに自分がワンピースを着ているイメージを膨らませるようにする。
9:45		○おもしろかったという気持ちを心に残しながら終わる。	○読み終わったら、絵本の中のワンピースを振り返りながら「みんなはどのワンピースが好き？」など声をかけ、一人ひとりに自分の好きなワンピースを選ぶように促す。
10:00		○うさぎさんになって、好きな模様のワンピースを着たつもりになって遊ぶ。	○選ぶのに時間のかかる子どもがいるときは、「考えておいてね」と声をかけ、最後は全員が自分で選んだ気持ちになるようにする。 ○「先生はこれが好き」と言って、ワンピースを選び、着るふりをする。それをまねして、子どもも着るふりをし、着た後は「ラララン ロロロン」とうたいながら、スキップをして喜びを表現する。
反省			

部分実習 4歳児

絵本を用いたあそび
ファンタジー絵本を楽しむ

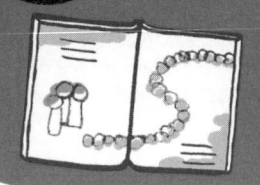

虚構の世界を理解できるようになった4歳児。ファンタジーの世界を絵本の中でじっくりと味わった後、表現あそびやどんぐり拾いへと、活動を広げていきます。

ねらい

- ざわざわもりのどんぐりの世界で踊る三人組に気持ちを重ねて、ファンタジー絵本を楽しむ。
- 物語を楽しむ中で、冬を越すどんぐりに関心をもち、その成り立ちについて思いを寄せる。
- 読んだ後、三人組がどんぐりまつりを楽しむ場面などを表現して遊ぶ。

遊び方

はじまり… 皆に絵本が見えるようにバランスよく座る。

あそび 表紙を見ながらのおしゃべりを楽しむ。

始まったら、静かに最後まで見聞きする。

読み終わったら、感じたことなどを話す。

遊びたい所を出し合う。

おわり 決まれば、体を動かして遊ぶ。

これでバッチリ！実習前の下準備

準備する物

■絵本
『わんぱくだんのどんぐりまつり』
作/ゆきの ゆみこ、上野 与志
絵/末崎 茂樹（ひさかたチャイルド）

■子ども用のいす1脚
（読み手の保育者用）

読み聞かせのコツ

読むテンポはゆっくりが基本

年齢を問わず、できるだけ文をゆっくり読み、絵もじっくり見せましょう。

絵本によって読み方を変えよう

昔話ならあまり抑揚を付けずに、ファンタジー絵本はメリハリを付けて、メッセージ性のある心情絵本は気持ちを込めて…など読み方を変えましょう。どんな絵本でも、内容とテーマをしっかりとらえてから読めば、自然と抑揚とテンポが生まれます。

読み聞かせ中の話しかけは不要

読み手に求められるのは、読み手自身が物語を楽しむ姿勢と集中して読むことです。子どもたちが物語に集中しているとき、読み手が話しかけることで邪魔になることも意識しておきましょう。

活動の流れとポイント

1 保育者の声かけで、それぞれが見やすい所に座って待つ。

保育者
子どもたちに、それぞれ見やすい場所を選んで座るよう、声かけをする。

全員がそろうまでの時間にすること
★ 排泄が済んだ子から座り、その日の保育で楽しみなことなどについて、保育者と会話しながら待ちます。

2 表紙を見ながら、これから始まる物語を想像しておしゃべりを楽しむ。

保育者
絵本を持って座り、絵本の表紙が子どもたちによく見えるように掲げる。子どもたちが表紙を見て気付いたことなどをことばにするよう促す。

表紙を見て、子どもがわくわくすることばかけ
1 「絵本の題名は○○だね」「どんなお話なのかな?」などと問いかけて、物語の内容に興味をもつように促します。
2 子どもが物語を想像して言うことばを「そうかもしれないね」「そうだったらおもしろいね」などとゆっくり受け止めて共感します。

3 ひとしきりおしゃべりを楽しんだ後、本文の読み聞かせを静かに見聞きする。

保育者
物語がよく理解できるように、メリハリを付けてゆっくりと文を読む。

おしゃべりが止まらないときは?
★ 興奮が続き、おしゃべりが止まないときは、子どもたちが静かになるのをゆっくり待ちます。
それでも、静かにならないときは…、
① 「もう、読んでもいいですか」と声をかけます。
② 「いいですよ」と子どもたちの気持ちが1つになってから読み始めます。

第2章 部分実習 4歳児

47

4 途中で気付いたことや思ったことを、口に出しておしゃべりしたくなっても、最後まで我慢して見聞きする。

保育者
読んでいる途中でことばを挟んでくる子がいたら、「終わってからね」などと軽く声をかけて読み進める。

途中で話しかけてきた子どもへの対応
最初に「おしゃべりはお話が終わってから」と約束し、そのルールを守ることが大切です。口はさみや指さしをしても、軽く声をかけたり、頷いたりする程度にして読み続けます。

5 終わったら、気付いたこと・質問したいこと・おもしろかった所などをことばにして楽しむ。

保育者
読み終えたら、少しの間、静かに余韻を味わうようにする。子どもたちにおもしろかった所を発言するよう促す。

読後のことばかけなど
基本的には、2・3歳児と同様です（p44参照）。ただ、子どもの言うことをなんでも受け止めないようにします。絵本の内容とかけ離れたことを言う子がいれば、「もう一度絵を見てみようか、文も読んでみるね」などと言い、物語の内容を理解するように促します。

ちょっとがんばる +α

絵本の中で、おもしろかった所や楽しかった所を、体で表現して遊ぶ。

保育者 どんぐりおどりを踊ってみようと提案し、みんなで踊る。

身体表現あそびの後は、どんぐりのある所に散歩に出かけ、どんぐり拾いを楽しむ。

＊近くにどんぐりの実がなる木があるか確認しておく。

遊び方　保育者
近くの公園にくぬぎの木があることを知らせる。
⬇
どんぐりを探しに行くことを提案する。
⬇
どんぐり探しを楽しむ。

指導案

大学　実習生氏名（　　　　　　　）

| 11 月　11 日（水） | | | 4歳児 | | くま 組 |

子どもの姿	●ごっこあそびが大好きで、それぞれの役割を決めて、おうちごっこなどのあそびを楽しんでいる姿が見られる。 ●当番の役割や生活の中のルールを理解し、自分の役割を果たそうとする姿が見られる。		
ねらい	●ファンタジー絵本を虚構の話として理解し、物語の中に入って楽しむ。 ●ファンタジーの世界と現実の世界を重ねながら、物語を楽しみ、現実に戻ったときに、その世界のおもしろさを感じる。	在籍児 男児	11 名
内容	●ファンタジー絵本の読み聞かせを楽しむ。	在籍児 女児	9 名

時間	環境構成	予想される子どもの活動	保育者の援助及び配慮
9:00	[図：ピアノ、実習生、子ども、担任の配置]	○排泄、手洗い、うがいを済ませる。	○ほとんどの子どもたちは、声かけなしで自ら用を足していることを確認する。 ○できていない子どもには「なにか忘れていませんか」など、気付きの声かけをする。 ○用を足した子どもが、自分の座る場所を見定めて、順次座るのを静かに見守る。
9:30	準備する物 ○絵本『わんぱくだんのどんぐりまつり』 作/ゆきの ゆみこ、上野 与志 絵/末崎 茂樹 （ひさかたチャイルド） ○子ども用のいす1脚 （読み手の保育者用） ○保育者は日差しの入る窓を背にするのを避ける。	○保育者の前に、見やすい場所を選んで座る。 ○正座して保育者の話を聞く。 ○表紙を見ながら気付きや期待をことばにし、楽しみにする。 ○読み聞かせを静かに見聞きする。	○後から来て、無理に前に座ろうとする子には「いいのかな？」などの気付きのことばをかける。 ○「お母さん座りで、背中ピーンしようね」など正座が習慣付いていない子どもには声をかける。 ○表紙がよく見えるようにし、タイトルを読み、話の始まりに期待をもつようにする。 ○物語をよく理解できるように、ゆっくりメリハリを付けて文を読み、絵をよく見られるように開く。 ○読んでいる途中でことばを挟んでくる子どもがいたら、「終わってからね」などと軽く声をかけて読み続ける。
9:50		○おもしろかったという余韻を残して終わる。	○読み終わったら、少しの間、静かに余韻を味わうようにする。 ○余韻の時間を過ごした後、おもしろかった所を考えて発言するように促す。 ○子どもたちの周りにあるどんぐりの話へと話題を導きながら、現実の世界に引き戻すようにする。
10:00		○絵本の中の楽しかった場面を体で表現して遊ぶ。	○どんぐりまつりでどんぐりたちが踊る、どんぐりおどりを子どもたちといっしょに踊って遊ぶ。
10:15		○どんぐりを探しに散歩に出かける。	○近くの公園にくぬぎの木があることを知らせ、どんぐり探しに行くことを提案する。

| 反省 | |

実習成長エピソード 1

つまらなかった保育の勉強。
実習に行ってみると…。

　私は、中学生の頃からアパレル関係の仕事に憧れていました。そこで、高校卒業を控えて、進学せずに就職をしたいと母親に相談しました。しかし、母親には強く反対されてしまいました。「短大や専門学校に進学してほしい」と泣き付かれてしまったんです。また、保育士資格や幼稚園教諭免許が取得できる学校への進学をすすめられました。

　アパレル業界への憧れは、漠然としたものだったので、母に言われるまま、短大を受験して保育科の学生になりました。

　そういった理由から、保育という仕事にあまり魅力を感じていなかった私は、授業もおもしろくなく、ただ出席しているだけという受け身の毎日が続いていました。

　そんな1年生の秋。子どもの頃から保育者になることをめざしている友人との、あまりのモチベーションの違いに悩みながらも、保育実習に行くことになりました。実習初日、今まで触れ合う機会のなかった子どもたちが、「せんせい、あそぼう」と寄ってくることに違和感がありました。でも、体ごとぶつかってくる子どもたちと遊んでいるうちに、いつも元気に笑っている自分に気付きました。保育が楽しいと思えたのです。実習最後の日、「せんせいありがとう」と書いたカードを子どもたちからもらい、泣きながらお別れしました。2年生でも同じ園で実習させてもらいます。最終的に保育者になるかは、その実習を終えてから決めるつもりですが、今はまた実習に行くのが楽しみでわくわくしています。

第3章
さあ！部分実習＆責任実習

部分実習や責任実習で、実際に取り組めるあそびを紹介します。あそびのねらい、実習前の下準備、活動の流れを把握し、それを指導案に落とし込めるよう構成しています。やってみたいあそびを見つけて、練習し、見本を参考に指導案を作成してみましょう。

- まずは、ねらいを把握
- 大まかな流れを確認
- 準備もしっかり！
- アレンジにもチャレンジ

あそび案を指導案に

部分実習　0歳児

新聞紙を用いたあそび
新聞でいないいないばあ

感触あそびの1つです。新聞紙を引っ張ったり、ちぎったり、クチャクチャにしたり…。新聞紙を少し破って引っ張りっこをすると、ビリビリと破れて「おもしろい！」と実感し、もっと遊びたくなります。

ねらい
- 手指を使って紙の感触を味わう。
- 自分がかかわることで、物事が変化していくことを楽しむ。

遊び方

はじまり → 保育者が新聞カーテンで「いないいないばあ」をするのを見る。

あそび → はいはいで、かくれんぼをする。

→ 新聞カーテンに手を伸ばし、引っ張って遊ぶ。

→ 新聞紙を破いたり、丸めたりする感触を味わう。

→ ちぎった新聞紙がふわふわと飛ぶ様子を楽しむ。

おわり → 保育者をまねて、新聞紙を大きなビニール袋に入れて片づける。

これでバッチリ！実習前の下準備

事前に作っておく物
材料 新聞紙、スズランテープ、大きなビニール袋

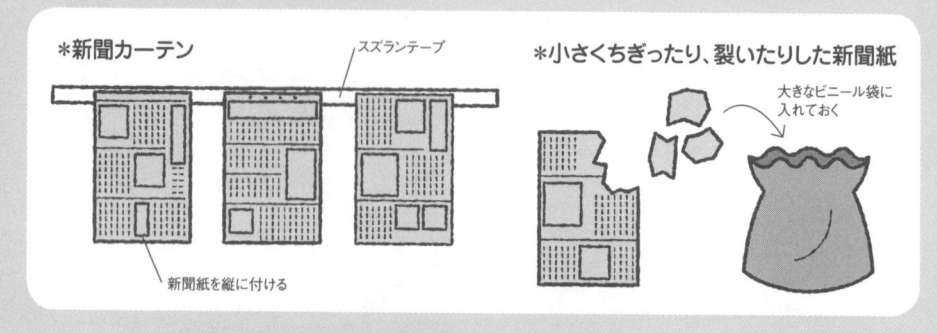

*新聞カーテン（スズランテープ／新聞紙を縦に付ける）

*小さくちぎったり、裂いたりした新聞紙（大きなビニール袋に入れておく）

準備する物
- 新聞カーテン　3〜4本
- 小さくちぎったり、裂いたりした新聞紙
- 大きなビニール袋
- セロハンテープ

Point!
★ 0歳児は月齢差もあり運動発達にも差があるので、月齢に応じてあそび方を工夫しましょう。

★ たくさんの新聞紙があると、あそびが盛り上がります。あらかじめ、ちぎった物をたくさん準備しておきましょう。最後は、ちぎっておいた新聞紙も加えあそびを盛り上げていきます。

あそびのコツ
- 保育者が「いないいないよー」と言いながら、新聞カーテンの後ろから顔を見せたり隠したりすると、「いないいないばあ」が大好きな子どもたちは、関心を高めて体を動かそうとするので、その様子が見えたら大人も場所を変え「いないいないばあ」を繰り返します。
- そのうち、子ども自身が「ばあー」と遊び始めます。
- 引っ張った新聞紙が破れたら、新聞カーテンをワッサワッサと振ったり、クチャクチャにして遊ぶようにします。
- 新聞紙を飛ばすときには、保育者が新聞紙を破って見せましょう。ちぎった物を子どもの頭上からまき散らしたり、手のひらに載せてふーっと吹き飛ばしたりして楽しみます。

活動の流れとポイント

第3章 部分実習 0歳児

1 手あそびをしながら、楽しい気持ちで準備が終わるのを待つ。

保育者
保育室の準備が整うまで、手あそびをして、子どもたちが集中できるようにする。

保育室の準備の仕方
1. 事前に、自分以外の先生に手伝いを頼んでおきます。
2. 新聞カーテンを保育室の床上20cmくらいの位置に張り巡らせ、ちぎった新聞紙を詰めた大きなビニール袋を子どもの目が届かない所に準備しておきます。

2 保育者の動きに関心を示し、「まて、まて」と動き始める。

保育者
新聞カーテンの後ろに隠れ、「いないいないばあ」を繰り返し、子どもたちの気持ちを動かすように遊ぶ。

気持ちを引き付けるあそび方（1）
1. 保育者自身が「いないよー」と言いながら、はいはいで新聞紙カーテンの後ろに隠れます。
2. 子どもたちが関心を示して動き出すまで、「いないいない」「ばあ」を繰り返します。
3. 1人でも動き始めたら、そこにあそびを作り、他の子どもたちも巻き込んでいきます。
4. あまり動きそうにない子は、保育者が近づき、「ばあー」と関心をもたせます。

3 保育者のまねをして、新聞紙を引っ張ろうとして破る。

保育者
新聞カーテンを引っ張って、バサバサと音を出し、子どもの興味を高める。ひとしきり遊んだら、新聞カーテンを取り外し、視界を広げる。新聞を破って見せ、まき散らしたり、破いたりすることを繰り返す。

気持ちを引き付けるあそび方（2）
1. 「○○ちゃん、ビリビリ上手だね」と言いながら、保育者も新聞を破って見せます。
2. 新聞を破っては、「それー！」とまき散らすことを繰り返します。保育者は花びらや雪などを想像して遊びましょう。
3. そのうち、子どももまねをして、新聞を破ろうとします。
4. 少し破いた新聞紙の片側を子どもが持つように渡し、「ビリビリビリー」と言いながら、両側から引っ張って破いてみせます。

4 保育者のまねをして、新聞紙を吹き飛ばそうとする。新聞紙がふわふわ飛ぶ様子を楽しむ。

保育者
小さくちぎった新聞紙を手のひらに載せ、子どもに向かって吹く。

まねっこに導く声かけ
「○○ちゃんも『ふー』する?」と言いながら、保育者の手のひらに小さくちぎった新聞紙を載せて子どもの口元に近づけます。子どもも一生懸命「ふー」しようとしてくれますよ。

5 舞い散る新聞紙で遊ぶ。

保育者
ちぎって大きなビニール袋に詰めておいた新聞紙も追加して、さらに遊ぶ。「1、2の3!」と子どもの頭上からまき散らす。これを何度か繰り返す。

6 保育者や友達のやることに関心をもち、いっしょに片づける。

保育者
大きなビニール袋に新聞紙を入れる様子を見せ、いっしょに片づけるよう働きかける。

片づけるときの声かけ
1 「おもしろかったね!」「今度は、みんなで、この袋にないないしようか」と言いながら、新聞紙を大きなビニール袋に入れる様子を見せます。
2 「○○ちゃんもできるー」「そうそう、△△ちゃん、上手だねー」と周りの友達にも関心を高めていきます。

もっと！楽しくなる♪ アレンジ

歌をうたう・素材をかえるなどして、あそびを発展!

見立てあそび
⑤の新聞紙をまき散らすときに、歌をうたって見立てあそびなどをしても楽しいです。
↓
★ 雨に見立てるなら…。
「雨」(杉山米子:作詞／小松耕輔:作曲)
★ 雪に見立てるなら…。
「雪」(文部省唱歌)
★ 月齢が高いなら…。
「むっくりくまさん」のあそびに。

遊び方

新聞紙を落ち葉にチェンジ
季節が秋であれば、落ち葉をたくさん集めてきて同様に遊ぶと、落ち葉のにおいや感触など、新聞紙とは違う味わいが楽しめます。

指導案

大学　実習生氏名（　　　　　　　　）

1月　20日（水）　　　　　　　　　　0歳児　　ひよこ 組

子どもの姿	○保育者と、まてまてと追いかけっこあそびを喜んでする。 ○歩行の子、はいはいの子と運動発達に差がある。			
ねらい	○新聞カーテンで「いないいないばあ」あそびを楽しむ。 ○新聞を破ったり、引っ張ったり、能動的に物にかかわって遊ぶ。	在籍児	男児	5 名
内容	○新聞あそび。		女児	3 名

時間	環境構成	予想される子どもの活動	保育者の援助及び配慮
10:00		○準備が整うまで、手あそびをして待つ。 ○部屋につり下がっている新聞カーテンを不思議そうに見る。 ○新聞紙の向こうから聞こえる声に向かって動き出す。 ○隠れていた保育者を見つけてうれしそうにする。	○手あそびをして集中できるようにする。 ○保育者が新聞カーテンの後ろに隠れて「おーい△△ちゃん、いないよー」と呼びかけあそびに誘う。 ○子どもが近づいてきたら「ばあー」と顔を出し、「いたねー」とことばかけをして、また違う所に隠れる。 ○子どもが近づいたら「ばあー」と顔をのぞかせて期待感を高める。 ○子どもが楽しくなるまで何度か繰り返す。 ○子どもが新聞紙に触れにくるのを待つ。 ○「△△ちゃんユッサユッサおもしろいね」とその子の遊びに共感する。 ○子どもが移動したら、「あれー△△ちゃんがいなくなったよー」とはいはいで追いかける。
10:10	新聞カーテン　補助の保育者 補助の保育者 実習生 子ども　担任 準備する物 ○新聞カーテン　3〜4本 （スズランテープに新聞紙をつるした物） ○ちぎった新聞紙 ○大きなビニール袋 ○セロハンテープ	○仰向けになってつり下がっている新聞紙を引っ張って遊ぶ。 ○新聞カーテンの間をはいはいや歩行で移動する。 ○追いかけられることを期待して逃げる。 ○破れた新聞紙をクチャクチャにしたり、引っ張ってちぎろうとする。 ○保育者のまねをして新聞紙に息を吹きかける。 ○新聞紙をつかもうと手を伸ばしてくる。 ○保育者のうたう歌に興味をもち、体を揺すって表現する。 ○保育者の横にいっしょに寝転がる。 ○追いかけっこを楽しむ。	○ぶら下がっている新聞紙を取り除いて視界を広げ、あそびを展開させていく。 ○保育者も真ん中に座り「♪ゆきやこんこ あられやこんこ」とうたいながら新聞紙をちぎっていく。 ○ある程度新聞紙をちぎったら、両手に持ち「それー」と言いながら子どもの頭上から散らす。何度も繰り返して遊ぶ。 ○より小さくちぎった新聞紙を手のひらに載せて「ふー」と吹き、興味をもたせていく。 ○あらかじめ、準備しておいた新聞紙を「雪こんこいっぱいだよ！」と言いながら加える。両手に抱え込んで高い所から散らす。 ○「むっくりくまさん」のあそびに展開していく。 ○いっぱいの新聞紙の中をはいはいして遊ぶ。
10:25		○保育者が持つ大きなビニール袋に新聞紙を入れようとする。	○「おもしろかったね。また、今度遊ぼうね」とことばかけしながら、新聞を集めて大きなビニール袋に片づけることを見せていく。 ○「△△ちゃんもここにポイッしてくれる？」と一人ひとりにことばかけする。 ○「きれいになったね。また遊ぼうね」とあそびを終えていく。

反省	

部分実習 1歳児

シアターあそび

にらめっこしましょ

ふれあい、まねっこあそびです。伝承あそび「だるまさん」のメロディーに合わせていろんな動物にかえて遊びます。にらめっこのおもしろい表情を楽しんだり、その表情をまねっこしましょう。保育者や友達ともにらめっこをして遊んでみます。

ねらい

- にらめっこが分かって楽しむ。
- ほっぺを膨らませるなど、自分でも表情を作ってみようとする。

遊び方

はじまり → 保育者の声かけで、それぞれ保育者の周りに集まる。

保育者が「だるまさん」のメロディーに合わせて、にらめっこするのを見る。

あそび → 保育者の問いかけに答えながら、シアターを楽しむ。

保育者や友達とにらめっこ対決をして遊ぶ。

おわり → ペープサートの動物にお別れして活動を終える。

これでバッチリ！実習前の下準備

準備する物

- だるまや動物のペープサート（うさぎ、ぶた、ぞうなど、子どもになじみのある動物）
- 粘土ケースの舞台
- 机（子どもたちの目線の高さを考えて、見やすい高さの物を選ぶ）

Point!
★ 照れずに表情豊かに遊ぶことで、子どもたちの関心を高めます。

シアターに使う物

材料 画用紙、割り箸、ねんどケース、ねんど、色画用紙

＊ペープサート
① 画用紙を丸く切った物を2枚用意する。
② 1枚に笑顔の動物の絵を描き、もう1枚におもしろい顔の動物を描く。
③ 割り箸に貼り付ける。

絵が外側になるように貼り合わせる

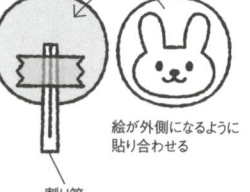

＊子どもたちになじみのあるいろいろな動物で作ってみましょう。

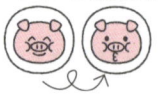

＊粘土ケースの舞台（ペープサート置き場）
① 粘土ケースに粘土を入れる。
② 草の形に切った色画用紙を貼る。

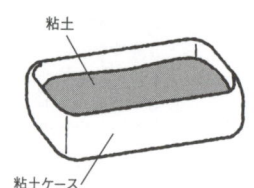

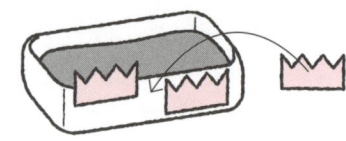

シアターの演じ方

第3章 1部分実習 1歳児

1
- 机の上に、粘土ケースの舞台を置き、その裏にペープサートを伏せて並べます。

  保育者　♪だるまさん　だるまさん
  　　　　にらめっこしましょー
  　　　　わらうとまけよ　あっぷっぷー♪

- うたいながら、にらめっこをして見せます。

2
　保育者　「みんなもにらめっこ上手だねー。きょうはね、いろんなお友達が遊びに来ているから、いっしょににらめっこしようか！」

- 子どもたちに声をかけ、あそびへの見通しを付けていきます。

3
　保育者　「お友達、呼んでみようか？」
- だるまさんのペープサート（笑顔）を見せ、うたいながら子どもたちとにらめっこします。

　保育者　♪だるまさん　だるまさん
　　　　　にらめっこしましょー
　　　　　わらうとまけよ　あっぷっぷー♪

- 「ぷー」でタイミングよく、ペープサートをひっくり返し、おもしろい顔の面を見せます。

4
- だるまさんのペープサートを舞台に刺し、子どもたちに問いかけます。

　保育者　「今度は誰が来たかな？
　　　　　お耳の長ーい…」

- 頭にパーにした手を載せ、うさぎのしぐさをし、子どもたちからのことばを待ちます。

　子ども　「うさぎさーん！」

Point!
★次に出てくる動物の特徴を伝えて、子どもたちにイメージをもたせると、いっしょに参加している感覚が膨らみます。

5
- 子どもたちから正解が出たら、うさぎのペープサートを取り出します。笑顔の面を見せ、動かしながら

　保育者　「そうそう、うさぎさん！」
　うさぎ　「ランランラーン！」

♪うさぎさん　うさぎさん　にらめっこしましょー
　わらうとまけよ　あっぷっぷー♪

- タイミングよくペープサートをひっくり返し、おもしろい顔の面を見せます。
- 他の動物も同様に行います。

活動の流れとポイント

1 保育者の声かけで、保育者の周りに集まる。

保育者 子どもたちに、集まるよう声かけをする。全員がそろうまで手あそびをして、保育者に関心を集める。

2 保育者が「だるまさん」をうたいながらにらめっこをする様子を見て、いっしょににらめっこをする。シアターが始まったら、静かに見聞きする。

保育者 「だるまさん」をうたいながらにらめっこを行い、だるまのペープサートを取り出し、シアターを始める。※演じ方はp57参照

目線の高さへの配慮
子どもたちが見やすいように、ペープサートを行う机は、子どもの目線の高さを考えて選びます。

3 保育者の動きを見て、次に登場するペープサートの動物を当てたり、ペープサートとにらめっこをしたりする。

保育者 次に登場するペープサートの動物のまねを行い、子どもたちに当ててもらう。

4 保育者とにらめっこ対決をし、友達同士でもにらめっこ対決をして遊ぶ。

保育者 子どもの反応を見ながら、保育者と子どもでにらめっこをして遊ぶ。楽しめるようであれば、子どもたち同士でにらめっこをするよう声をかける。

友達とにらめっこ
★「〇〇ちゃんと□□ちゃんもやってみよう！」などと声かけすると、友達同士でのにらめっこをスムーズに促すことができます。

5 ペープサートの動物たちにバイバイをする。

保育者 子どもたちが十分に楽しんだことを確認し、活動の終わりを伝える。ペープサートの動物にバイバイするよう声をかける。

指導案

大学　実習生氏名（　　　　　　　　）

| 1月 15日（水） | | 1歳児 | もも 組 |

子どもの姿	◉歌や手あそびが好きで、すぐにまねっこして楽しもうとする。 ◉いろいろな動物の表現をして遊ぶことを喜ぶ。		
ねらい	◉保育者とやりとりしてことばの繰り返しを楽しむ。 ◉保育者のまねっこをしてにらめっこを楽しむ。	在籍児 男児	6 名
内容	◉手あそびやペープサートを楽しむ中で保育者とのことばのやりとりを楽しむ。	在籍児 女児	5 名

時間	環境構成	予想される子どもの活動	保育者の援助及び配慮
10:00	[図：ピアノ・机・実習生・子ども・担任・補助の保育者の配置図] 準備する物 ○ペープサート ○ねんどケースの舞台 ○机	○保育者の前に集まり、見やすい場所を選んで座る。 ○手あそびをしながら、これから始まることへの期待感を高める。 ○シアターを楽しむ。 ○保育者がにらめっこをするのを見る。 ○変な顔をするなどして喜ぶ。 ○保育者の問いかけに、「うさぎー」「うさぎさん」などと答える。 ○うさぎのペープサートを見て、「うさぎさん」「ランランランラン」など思ったことをことばにして伝える。	○子どもが見やすい位置に座るよう、声をかける。 ○手あそびを始め、子どもたちの関心を保育者に向け、なにが始まるのかと期待感を高めるようにする。 ○子どもたちが保育者の周りに集まったら、「だるまさん」の歌をうたい、にらめっこをする。 ○「みんな、にらめっこ上手だね」とにらめっこをして遊んでいることに気付くよう促す。 ○「きょうは他にもお友達を連れてきたから、にらめっこして遊ぼうか！」と次への期待感を高めていく。 ○動物の特徴を伝えながら、誰がいるのかをイメージできるようことばかけし、子どもからの発言を進めていく。 （例）お耳の長ーい、ピョンピョンと跳ぶ…など。 ○子どもたちの発言を受け止め、ペープサートを動かしながら、「そう、うさぎさんです！」「♪うさぎさん　うさぎさん　にらめっこしましょー　わらうとまけよ　あっぷっぷー」とにらめっこをしていく。 ○子どもたちが分かりやすく、興味をもてるように、ペープサートは大きく動かして見せる。 ○「今度は誰かなー」と続けていき、いろいろな動物で繰り返して楽しめるようにする。
10:15		○保育者とにらめっこをして遊ぶ。 ○友達同士でにらめっこをして遊ぶ。	○すべてのペープサートが登場したら、保育者と子どもたちでにらめっこをして遊ぶ。 ○「みんなもお友達とにらめっこできるかな？」などと問いかけ、隣にいる子とにらめっこをして遊ぶことを伝えていく。
10:20		○ペープサートの動物に「バイバイ」「またね」などと言う。	○全員が十分に遊んだことを確認し、「みんなにらめっこ上手だったね。また遊ぼうね」と声かけして、楽しかったことを印象付けながらあそびを終えていく。

| 反省 | |

部分実習 2歳児 造形あそび
ロケット作り

ゴムの力で飛ばして遊べるロケットを作ります。自分で作った物で遊べると、作りあげていく意欲も高まります。自分1人で飛ばして遊ぶのも楽しいですが、コツが分かると友達と飛ばしっこをして遊ぶことも楽しめます。

ねらい
- クレヨンで色を塗ることを楽しむ。
- 紙コップを押さえながら沈ませ、手を離すと飛び出るしくみが分かって、コツをつかみながらあそびを楽しむ。
- 1人で遊ぶことから友達といっしょに飛ばしっこをして遊ぶことも楽しむ。

遊び方

はじまり				あそび		おわり
保育者の声かけで、それぞれ保育者の周りに集まる。	保育者の話を聞き、完成品のロケットが飛ぶ様子を見る。	ロケットの作り方の説明を聞く。		ロケットを作る。難しい所は保育者に手伝ってもらう。	できあがったロケットで遊ぶ。	ロケットを片づける。

これでバッチリ！実習前の下準備

準備する物
- 完成品のロケット　1つ
- 完成品の発射台　1つ
- 紙コップ　人数分
- 切り込みを入れた紙コップ　人数分
- ロケットの絵　人数分（裏に両面テープを貼った物）
- 丸型シール
- クレヨン
- 輪ゴム　人数×2本
- テーブル　　いす

Point!
★ 子どもたちにとって、輪ゴムをかけるのは難しいことです。紙コップの切り込みは深めに入れておきましょう。

事前に作っておく物
材料　紙コップ、画用紙、両面テープ、丸型シール、輪ゴム

- ＊紙コップ（切り込みを入れる）…子どもの名前を記入
- ＊紙コップ（切り込みなし）…子どもの名前を記入
- ＊ロケットの絵（色を塗る前の物。右図参照）
- ＊完成品のロケット
- ＊完成品の発射台

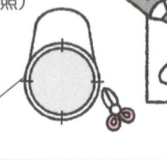

（紙コップに切り込みを入れる／マジック／画用紙／切り抜く／両面テープ／名前を書く）

当日子どもが作る物
材料　紙コップ、切り込みを入れた紙コップ、輪ゴム2本、ロケットの絵、丸型シール

＊ロケット
1. クレヨンでロケットの絵に色を塗る。
2. 両面テープで①のロケットを紙コップに貼る。

＊発射台
1. 切り込みを入れた紙コップに丸型シールを貼る。
2. ①の切り込みに、輪ゴムを2本かける。（1本目／2本目）

60

活動の流れとポイント

第3章 部分実習 2歳児

① 保育者の声かけで、保育者の周りに集まり、座る。

保育者
子どもたちに、集まるよう声かけする。完成品のロケットと発射台を出して、飛ばして見せ、今からこれを作って遊ぶと伝える。

最初に完成品を見せる理由
★ 具体的に作る物を見せることで、やりたい意欲を高めます。

② テーブルが準備できるまで、部屋の隅で待つ。準備が終わったら、いすを取りに行き、テーブルの周りに置いて座る。

保育者
子どもたちに部屋の隅で待つよう促し、テーブルを準備する。準備が終わったら、子どもたちにいすを持ってきて座るよう伝える。

スムーズに着席
1. 「テーブルを準備するから、みんなは壁にぺったんこして待っていてください」などと声かけして、子どもたちには危なくないように部屋の隅で待ってもらうと、安全にテーブルを準備できます。
2. 普段使っているグループ分けがあれば、そのグループごとに着席するなど、明確にしておきましょう。混乱せずに席に着けます。

③ 保育者から作り方の説明を聞き、ロケットと発射台を作る。

保育者
ロケットと発射台の作り方を説明する。材料を配布し、必要に応じて少し手伝いながら、最後は子ども自身でできたという達成感がもてるようにする。

自分でできるとうれしいね
1. 輪ゴムをかけるときに、紙コップが動いて安定しないようであれば、友達に紙コップを持ってもらってかけてみることを提案します。
2. どうしても難しいときは、保育者が持って安定させます。
3. 全員が完成させたことを確認してからあそびの説明に入ります。

61

4 保育者の説明を聞き、ロケットを飛ばして遊ぶ。何度もやってみて、コツをつかんでいく。

保育者
ロケットの飛ばし方を説明する。完成品のロケットと発射台を使って、ロケットを実際に飛ばす所を見せる。テーブルやいすを隅に寄せ、遊ぶスペースを確保する。

❶ 発射台にロケットの紙コップを重ね、ぎゅっと押さえる。

❷ パッと手を離す。

5 みんなで「1、2の3」とそろえてロケットを飛ばしたり、友達と飛ばしっこをして楽しむ。

保育者
子どもたちが、1人で遊べるようになったことを確認したら、全員でいっしょに飛ばしっこすることを提案する。

★ 保育者自身が一度作って遊んでみて、よく飛ぶコツをつかみ、子どもたちに伝えられるようにしておきましょう。

6 保育者の声かけで、ロケットを片づける。

保育者
子どもたち全員が十分に楽しんだことを確認し、活動の終わりを伝え、全員のロケットと発射台を集め、製作活動に使った道具を回収する。

ちょっとがんばる +α　ロケットになりきって、運動あそび

遊び方

ロケットごっこ
床にビニールテープを貼る。
↓
「ロケットになって、ここまで飛ぶよー」と声かけする。

「ロケットになって飛ぼう！」

宇宙旅行ごっこ
保育室のいすなどを複数用意し、惑星に見立てる。
↓
ロケットになって、惑星を回ってくるよう声かけする。

ゴォー　ビューン
「月から土星に行ってみよー！」

指導案

大学　実習生氏名（　　　　　　　　　　）

6 月　15 日（金）			2 歳児　うさぎ 組		
子どもの姿	⚫︎描画に顔（目、口）が出始める。 ⚫︎ブロックや積み木などを構成して遊ぶことを楽しんでいる。 ⚫︎友達と並行あそびをしている。				
ねらい	⚫︎クレヨンで色を塗ることを楽しむ。 ⚫︎輪ゴムで飛ぶしくみを知って"押さえる、離す"を繰り返し遊ぶことを楽しむ。		在籍児	男児	5 名
				女児	5 名
内容	⚫︎紙コップ工作。ロケットを作って遊ぶ。				

時間	環境構成	予想される子どもの活動	保育者の援助及び配慮
10:00	（図：ピアノ、実習生、子ども、テーブル、補助の保育者、担任の配置）	○保育者の声かけで、保育者の周りに集まり、手あそびをする。 ○今からなにをするのか話を聞く。 ○思ったことをことばにしたり、ロケットになったつもりで、ピョンピョンと跳んで見せようとする。 ○保育室の隅によけて、保育者のすることを見て待つ。	○手あそびをして子どもの気持ちを保育者に向けるようにする。 ○事前に作っておいた見本を見せて、ロケット作りへの興味を引き出す。 ○「これはなんだか分かる？」「ロケットってどうやって飛んでるかな？」と子どもからのイメージ、発想を引き出して体で表現するよう促し、さらにあそびへの意欲を高めていく。 ○子どもからの表現を認めて、「みんなもかっこいいロケットを作って遊ぼうか！」と次への活動に進めていく。 ○準備をするため、危なくないように部屋の隅に寄って待つことを伝える。
10:10		○保育者の指示に従っていすに座っていく。	○テーブルを配置したら各自いすを持ってきて座るように伝える。 ○どこに座ればよいか、また友達と同じ所に座りたくてトラブルになることもあるので、グループごとに席につくよう促す。子どもが見通しをもちやすいようにする。
	（図：ピアノ、テーブル、実習生、子ども、補助の保育者、担任の配置）	○材料を手にしたらそれで遊ぼうとする子もいる。（説明を聞くことを伝える） ○保育者の説明を聞く。 ○一つひとつのことに「どうするの？」「これでよいの？」と確認してくる。 ○できた物を「できたよ、見て！」とうれしそうに見せてまわる。	○材料を配布し作り方を説明して、作業を進めていく。1つの工程が終わったらみんなができていることを確認して次の工程に進めていく。 〈工程〉 ①ロケットの絵に色を塗る。 ②裏の両面テープをはがして1個目の紙コップに貼り付ける。 ③2個目の紙コップにシールで模様付けする。 ④2個目の紙コップの切り込みに輪ゴムを付ける。付けるのが難しいことも想定して、友達に持ってもらうなどするとやりやすくなることを伝えていく。 ※作品には名前を書いておく。 ○ロケットを飛ばしてみることを提案する。
10:25		○保育者の説明を聞く。 ○できた物で遊ぼうとする。飛び出すことに喜び、あっちこっちで飛ばして楽しむ。 ○友達といっしょに飛ばしっこして楽しむ。	○ロケットの飛ばし方を説明する。 ○テーブル、いすを片づけて空間を作る。 ○ロケットを飛ばして遊ぶことをすすめる。楽しさを共有しながらどこまで飛ぶのか繰り返しやってみたり、友達といっしょに飛ばして遊んだりするなど、展開していけるように進める。
10:35		○ロケットを片づける。	○全員が十分に楽しんだことを確認し、活動の終わりを伝え、ロケットや製作に使った道具などを片づける。
反省			

部分実習 **3歳児**

造形あそび

ピョンピョンかえる作り

雨の多い梅雨の季節、子どもたちと雨が大好きなかえるを作って遊びましょう。
自分の選んだ色と自分で描いた目玉で一人ひとり個性豊かなかえるができあがります。

ねらい

- ピョンピョンかえるを作り、作った物で遊んで楽しむ。
- シールを使って彩色する。
- 目玉を自分で描き、のり付けする。

遊び方

はじまり：保育者の声かけで、保育者の周りに集まり、座る。

見本のピョンピョンかえるを見て、思ったことをことばにする。

作り方の説明を聞き、作りたい色のテーブルに集まる。

あそび：ピョンピョンかえるを作る。

クレヨンやいすを片づけ、ピョンピョンかえるを使って遊ぶ。

おわり：ピョンピョンかえるを片づける。

これでバッチリ！実習前の下準備

準備する物

- 完成品のピョンピョンかえる　1つ
- かえるの本体　人数分
- 色付けした四角いシール（黄色・緑・黄緑・赤）
- 丸く切った画用紙（目玉）　人数×2枚＋予備
- 輪ゴム　人数分
- シールを入れるトレイ
- クレヨン
- ごみ入れ
- のり
- 手拭きタオル
- 片づけ用の箱（池に見立てたかえるのおうち）

Point!

★ 図鑑などでかえるの色を調べておきましょう。
★ シールは子どもが好きな色を選べるよう、多めに用意します。
★ イメージした個性豊かなかえるが作れるよう、いろいろな色のシールを用意します。

事前に作っておく物

材料 画用紙、牛乳パック、四角いシール、箱やかご、輪ゴム

＊丸く切った画用紙（目玉用）
＊かえるの本体…子どもの名前を記入
＊完成品のピョンピョンかえる（見本）
＊色を塗った四角いシール
＊片づけ用の箱（かえるのおうち）

＊かえるの本体
牛乳パックを切り開く
1枚から8本取れる
半分に折り、上部に切り込みを入れる
白い面を表に

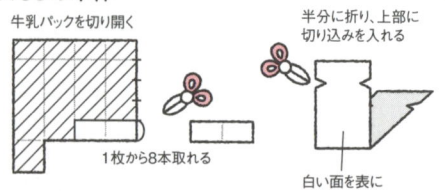

＊片づけ用の箱
画用紙の石や葉っぱ
箱やかご
貼る

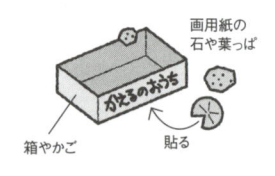

当日子どもが作る物

材料 かえるの本体、輪ゴム、色を塗った四角いシール、丸く切った画用紙

① かえるの本体にシールを貼る。
② 丸く切った画用紙に目玉を描き、①に貼る。
クレヨン
③ 切り込みに輪ゴムを付ける。
クロスさせる

活動の流れとポイント

第3章 部分実習 3歳児

1 保育者の声かけで、保育者の周りに集まる。

保育者
子どもたちに、空いている所に座るよう声かけをする。

全員がそろうまでにすること
★ 「お話ししていいかな？」と注目を集め、「雨」の手あそびなどをして集中力を高めます。

2 完成品のピョンピョンかえるを見た感想をことばにし、保育者の説明を静かに聞く。

保育者
完成品のピョンピョンかえるを跳ばして見せ、感想をことばにするよう促す。これを作ることを予告し、作り方を説明する。

スムーズな導入
1 「雨が大好きなお友達が来たよ」と完成品のピョンピョンかえるを取り出し、跳ばして見せます。
2 「きょうは、このかえるさんを作ろうと思います」と予告します。
3 「なに色のかえるさんがいたかな？」と子どもの発想を待ちます。発言を受け入れつつ、案が出ないときは保育者も案を出します。
4 話が終わらないときは、「話してもいいですか？」とたずね、「いいですよ」と子どもたちの気持ちが1つになってから活動を始めます。

3 なに色のかえるを作るか考え、その色のシールが置かれたテーブルにいすを持って移動する。

保育者
なに色のかえるを作るか決めるよう伝え、シールの入ったトレイ・クレヨン・のり・ごみ入れ・手拭きタオルをテーブルに置く。シールはテーブルごとに異なる色を置く。

シールの置き方
★ 「緑さんはこのテーブルです」「黄色さんはむこうです」などと声かけすると、子どもたちにもテーブルごとに色分けされていることが伝わります。

4 ピョンピョンかえるを作る。

保育者
シールを貼る前のかえるを配布し、「シールが貼れたら手を挙げて教えてください」と約束事を伝える。シールを貼るよう促す。貼り終えた子に目玉用の丸く切った画用紙と輪ゴムを配布し、好きな色で目玉を描き、のりで貼るよう声かけする。また、輪ゴムが付けられるか見守り、必要に応じて援助する。

シールの貼り方
1. シールは重ねずに隙間を空けないときれいに貼れないことを伝えます。
2. 途中で分からなくなってしまった子や止まっている子には、声をかけ、援助します。
3. 「重ねずに貼れるかな?」とポイントを指導します。
4. シールが貼りきれない子には「ここに貼ったらもっとすてきになるよ」と声をかけます。

「重ねずに貼れるかな?」

5 いすやクレヨンを片づけ、ピョンピョンかえるで遊ぶ。

保育者
終わった子から順に、いすとクレヨンを片づけるよう声をかけ、シールのトレイとごみ入れなどを回収して遊ぶスペースを作る。ピョンピョンかえるで遊ぶよう伝え、保育者もいっしょに遊ぶ。

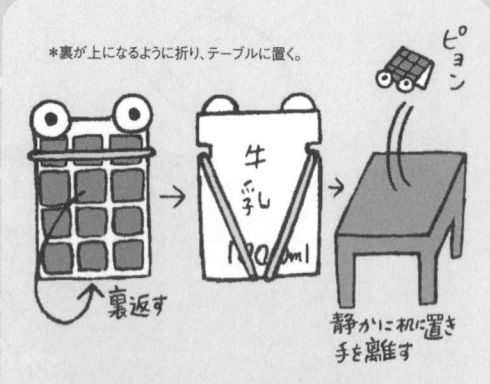

※裏が上になるように折り、テーブルに置く。

←裏返す　静かに机に置き手を離す　ピョン

★事前にピョンピョンかえるで遊んでコツをつかんでおきましょう。

6 保育者の声かけで、ピョンピョンかえるを片づける。

保育者
子どもたち全員が十分に楽しんだことを確認し、活動の終わりを伝え、池に見立てた箱を取り出し、全員のかえるを集める。

「おうちに帰そうね」

活動の後で

作品の展示

担任の先生と相談の上、子どもたちが選んだ場所に「かえるのおうち」を置き、自由に遊べるようにするとよいでしょう。

指導案

第3章 部分実習 3歳児

大学　実習生氏名（　　　　　　　）

6月 15日（金）　　　3歳児 まつぼっくり組

子どもの姿	◎お友達2〜3人で遊ぶ姿が増える。 ◎鬼ごっこやしっぽ取りなど簡単なルールあそびができる。 ◎見通しをもち、張り切って自分のこと(着脱・排泄・食事の準備)をする。			
ねらい	◎ピョンピョンかえるを作り、作った物であそびを楽しむ。 ◎さまざまな素材で造形活動を楽しむ。 ◎のり付けをする。	在籍児	男児	8名
内容	◎ピョンピョンかえるを作る。 ◎できあがったピョンピョンかえるで遊ぶ。		女児	8名

時間	環境構成	予想される子どもの活動	保育者の援助及び配慮
10:00	（図：ピアノ、実習生、子ども、テーブル4つ、担任の配置図） 準備する物 ○完成品のピョンピョンかえる 1つ ○シールや目玉を貼る前のピョンピョンかえる 16個 ○着色した四角いシール（緑、黄緑、黄色、赤） ○丸く切った画用紙（目玉用）40枚（予備含む） ○輪ゴム 16本 ○シールを入れるトレイ 4枚 ○クレヨン ○のり ○手拭きタオル ○ごみ入れ ○片づけ用の箱（池に見立てたかえるのおうち）	○トイレ、手洗いをする。 ○保育者の前に集まり座る。 ○保育者の問いかけに、「かたつむり」「かえる」など思いおもいの生き物を言い合う。 ○保育者の問いかけに、「作るー」「難しそう」と話す。 ○「緑」「いぼいぼ」など思いおもいのかえるをイメージしてことばにする。 ○保育者の説明を聞き、作りたいかえるの色を決める。 ○作りたい色のシールが置かれたテーブルにいすを持って移動し、全員が座る。 ○シールや目玉を貼る前のピョンピョンかえるを受け取る。 ○シールを貼り出す。 ○シールを重ねて貼ったり、進まない子がいる。 ○「貼れた〜」と手を挙げて声をかけてくる。 ○クレヨンで目玉を描き、かえるにのり付けする。 ○輪ゴムを付けて、完成させる。 ○いすを片づける。 ○完成したピョンピョンかえるでそれぞれ遊ぶ。 ○「まだやりたい！」「もっと遊びたい」と言う。 ○ピョンピョンかえるを池に見立てた箱に入れて片づける。	○「今から楽しいことを始めるからトイレに行って集まってね」と声をかける。 ○全員が集まるまで「雨」の手あそびをする。 ○全員がそろったら、「雨が大好きなお友達が来ましたよ」「誰かな？」と投げかけ、子どもの気持ちを引き付ける。 ○完成品のピョンピョンかえるで遊んで見せる。「みんなも作る？」とたずねる。 ○「なに色のかえるがいるかな？」と問いかけ、実際のかえるをイメージするよう促す。 ○緑、黄緑、黄色、赤のシールを用意したことを伝え、なに色のかえるを作るか決めるよう声をかける。 ○作る色のかえるを決めたら、作りたい色のシールが置かれたテーブルにいすを運んで座るよう伝える。 ○「この机は赤だよ」と、子どもたちに分かるよう声をかけ、いすを運ぶのを見守る。 ○1人ずつ、シールや目玉を貼る前のピョンピョンかえるを配る。（それぞれ子どもの名前を記入しておく） ○作り方を説明し、「シールは重ならないように貼って、かえるにしてね」とポイントを伝える。 ○全員を見渡して「すてき」「だんだんできてきたね」と声をかける。 ○必要に応じて、「ここに貼ってみる？」「いっしょにしようか？」と声をかけ援助する。 ○シールを貼り終えた子に目玉と輪ゴムを配り、見守る。 ○完成したら、いすを片づけて遊ぶよう、見通しのもてる声かけをする。 ○トレイやごみ入れを片づけ、遊ぶスペースを作る。 ○ピョンピョンかえるで遊ぶよう伝える。 ○「□□くんの跳んだね」「△△ちゃんの元気だね！」と1人のことを全体に広げる声かけをしていく。 ○片づける少し前に「そろそろおしまいにするね」と声をかけて気持ち作りをする。 ○「かえるはおうちに帰そうね」「お昼寝です」とイメージをもって活動を締めくくる。
10:10			
10:30			
10:40			

反省	

部分実習 ３歳児

運動あそび
りんごとぶどう

子どもたちになじみのある、くだものの名前を取り入れたあそびです。前に進む・止まるなどの動きを楽しみます。座った姿勢で行うので、雨の日には室内でも、安全に体を動かして遊べます。

ねらい

- ルールを知り、守りながら遊ぶことを楽しむ。
- 手足を十分に動かして遊ぶ。
- 友達といっしょに遊ぶことを楽しむ。

遊び方

はじまり
保育者の声かけで、それぞれ保育者の周りに集まる。

→ 準備体操をして、事故防止につなげる。

→ ルールを聞く。

あそび
「りんごとぶどう」のあそびを始め、体を動かすことを楽しむ。

→ 紅白玉をみんなで集め、達成感を味わう。

おわり
思ったことをことばにし、積極的に話し合う。

これでバッチリ！実習前の下準備

準備する物

- カラーコーン　2個（ない場合はいすなど）
- 玉入れ用紅白玉（ない場合はカラーボールなど子どもの手におさまる安全な物）
- マット　1枚
- ビニールテープ
- 箱

Point!

★ あそびを自分でやってみて、運動量や使う筋肉を把握した上で、準備体操や整理体操を考えましょう。

★ 安全に遊ぶために、危険な物を移動し、ルールを説明する場所・スタート地点・マットの位置・保育者が立つ場所などを決めましょう。

ルール

❶ スタート地点からマットまで移動し、紅白玉を1度に1人1個持って、スタート地点に戻る。

①全員同時にスタート。お尻を地面に付けたまま、手足を曲げ伸ばしして移動する。移動中は立ち上がってはいけない。

②途中で立ってしまった場合のルールを事前に決めておく（例：3歩下がる。スタート地点に戻るなど）。最初の説明のときに伝える。

③保育者が「りんご」と言っている間は進む。「ぶどう」と言ったら止まる。（例：「りんご、りんご、りんご、りんご、ぶどう」。最後は必ず「ぶどう」にする。）

❷ 全員で、○個紅白玉をスタート地点の箱に集められたら、クリア！　集める紅白玉の数は、子どもの人数や実習時間によって調整し、最初に伝える。

あそびのコツ

実際にあそびを行う場所で、事前に自分でやってみましょう。その上で、当日の流れを考えて計画し、あそびを進めていきましょう。

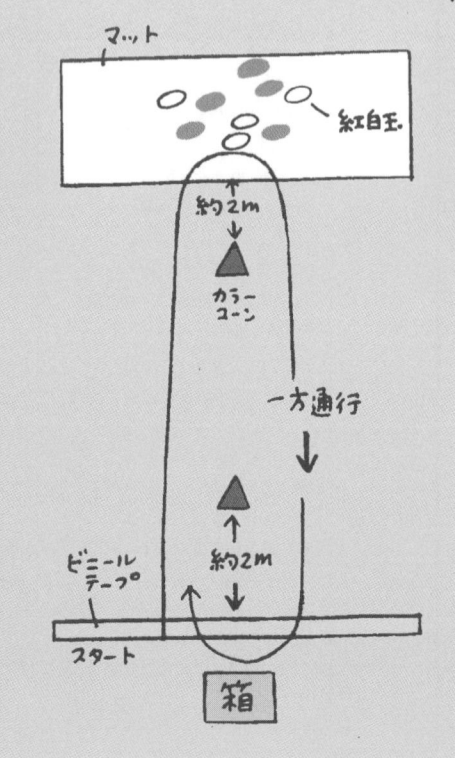

活動の流れとポイント

第3章 部分実習 3歳児

❶ 保育者の声かけで、それぞれ見やすい場所を選んで、保育者の前に座る。

保育者
子どもたちに、それぞれ見やすい場所を選んで座るよう、声かけをする。

全員がそろうまでの時間にすること
1. 朝のできごとやきのうのことを聞くなどして会話を楽しみます。
2. 手あそびで集中力を高めます。
3. 体を動かして遊ぶことを伝え、体調の悪い子やけがをしている子がいないか確認します。

❷ 準備体操をする。両手を広げて、友達とぶつからない場所を見つける。保育者のまねをして体を動かすことを楽しむ。

保育者
友達と手が当たらない場所に広がるよう促す。園でしている体操があれば、その体操を子どもたちといっしょに行う。

体操は、左右逆に大きな動きで
1. 子どもの前に出て体操をするときは、左右逆になることを意識して行います。
2. 普段と同じように動くと、だらだらしているように見えてしまいます。いつもより大きく、指先まで力を入れて伸ばしましょう。
3. 当日行う体操は、事前に覚えておきましょう。1・2を意識してなにも見ずにできるようにしておく必要があります。

❸ ルールの大切さを知り、実際に体を動かしながらルールを理解する。

保育者
てみじかに分かりやすくルールを伝え、子どもがあそびに興味をもてるようにする。大切な部分は子どもといっしょに体を動かしながら確認する。

ルール説明は楽しく、てみじかに
1. ルール説明は大切。けれども、長過ぎると子どものやる気が半減してしまいます。
2. ルール説明は簡潔に。最初は、あそびの要点だけ伝え、慣れてきたらルールを増やしていきましょう。
3. ルールの確認は、子どもといっしょに体を動かしながら行います。実際にやってみると、子どもは「待たされた」という気持ちではなく、楽しんだ気持ちに変わります。そのまますぐにスタートラインに並ぶとよいでしょう。

④ 保育者の話を聞いて、紅白玉を取りに行く。

保育者
全体を見ながら、あそびの中に入り、盛り上げる。

雰囲気作りも大切！

1. 最初からたくさん注意するとあそびに入れない子もいます。1回目は立ち歩かないように注意するだけにとどめ、他のことは2回目以降に注意するようにします。
2. 保育者もいっしょになって楽しみ、保育者が楽しむことで子どもたちも楽しい雰囲気になります。雰囲気作りも保育者の大切な役割です。

⑤ 決まった数の紅白玉を集めきり、達成感を味わう。

保育者
最初に決めた数の紅白玉が集まったことを確認し、1回目が終わったことを伝える。

⑥ 楽しかったことや思ったことを積極的に話し合う。

保育者
活動の終わりを伝え、感じたことをことばにするよう促す。

ちょっとがんばる＋α　ルールを増やして、あそびを発展！

「りんごとぶどう」のあそびは、「だるまさんがころんだ」につながるあそびです。あそびに子どもを合わせるのではなく、子どもにあそびを合わせて工夫することで、同じあそびでもいろいろなあそびに変わり、どの年齢でも遊べるようになります。

遊び方

くだものを増やす
りんごとぶどう以外にも、くだものを増やして、動作を増やしていく。
↓
たとえば、「みかん」は後ろに下がる、「メロン」はその場で回るなど。
↓
子どもたちと話し合いながらルールを増やすと、楽しさも広がります。

赤組と白組に分かれて遊ぼう！
赤組と白組に分かれて、対面式に座る。

赤組の後ろにマットと白玉。白組の後ろにマットと赤玉を設置。

赤組は赤玉、白組は白玉を取りに行く。ただし、玉は1回に1個しか運べない。

先に自分の色の玉を全部集めて、全員そろって座った方の勝ち。

＊コーンを置き、子どもが一定方向に進めるようにする。

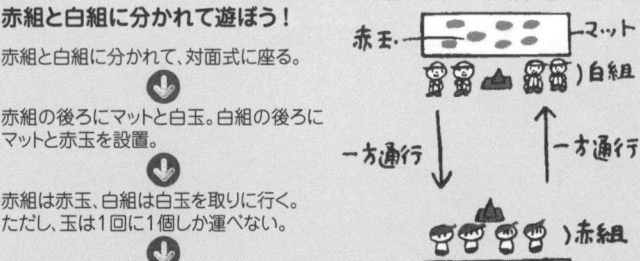

指導案

第3章 部分実習 3歳児

大学　実習生氏名（　　　　　　　）

9 月 5 日（水）			3 歳児　たんぽぽ 組
子どもの姿	◎先月、異年齢の友達といっしょに生活や夏のあそびを体験したことで、友達とのかかわりあそびが広がっている。		
ねらい	◎ルールを知り、守りながら遊ぶことを楽しむ。 ◎手足を十分に動かして遊ぶ。 ◎友達といっしょに遊ぶことを楽しむ。	在籍児 男児	8 名
内容	◎準備体操をする。 ◎体を動かして「りんごとぶどう」をして遊ぶ。	在籍児 女児	8 名

時間	環境構成	予想される子どもの活動	保育者の援助及び配慮
9:45		○トイレ、手洗い、うがいをする。	○しっかりと手洗い、うがいができているか見守り、様子を見て声をかける。
10:00	マット／紅白玉／カラーコーン／実習生／カラーコーン／スタートライン／子ども／担任／箱 準備する物 ○マット　1枚 ○紅白玉 ○カラーコーン　2個 ○ビニールテープ（スタートライン用） ○箱	○保育者の近くに集まる。 ○手あそび「りんごがごろごろ」をする。 ○準備体操をする。 ・保育者のまねをして音楽に合わせて体を動かす。 ○保育者のルール説明を静かに聞く。 ○保育者のまねをして動きながらルールを確認する。	○終わった子どもから保育者の近くに集まるように声をかける。 ○手あそびをして集中できるようにする。 ○体を動かすので、子どもたちの体調を確認する。 ○全員がそろったことを確認し、体を動かしやすいように広がるように声をかける。 ○子どもたちの前に出て準備体操をする。 ○体操が終わったら、子どもを1か所に集め、落ち着いた雰囲気の中で話をする。 ○あそび方が分かりやすいように、実際に保育者がして見せながら説明をする。
10:10		○「りんごとぶどう」のあそびをする。 ・スタートラインに並び、保育者が「りんご」と言っている間は前に進む。 ・「ぶどう」と言ったら止まる。 ・マットの上にある紅白玉を1個取り、スタートラインに戻る。 ・取った紅白玉を箱に入れる。 ・繰り返し遊ぶ。 ・ルールを増やす。 ・くだものの名前と動作を増やす。	○ルールのポイントとなる部分は、子どもといっしょに実際に体を動かしながら確認していく。 ○遊ぶ前に安全面に配慮し、スタートラインやマットの場所を確認する。 ○保育者もいっしょに楽しみ、楽しい雰囲気作りをする。 ○上手に止まれたらよく聞いていたことをほめ、やる気をもてるようにする。 ○全員ができるまで見守り、できたときは気持ちを受け止め、次もしたいという期待がもてるようにする。 ○1回遊び、確認する。 ○繰り返し遊び、楽しさが味わえるようにする。 ○子どもたちの遊ぶ姿を見て、あそびの楽しさが広がるように、1回終わるごとにルールを変えていく。 ○くだものの名前を子どもたちと話し合って決め、あそびに意欲をもてるようにする。
10:45		○保育者の話を聞く。 ○楽しかったことや感じたことを積極的にことばにする。	○保育者の話が聞こえるよう、近くに集まるように声をかけ、活動の終わりを伝える。 ○遊んで楽しかったことや、思ったことを話し合い、気持ちを受け止め、次回のあそびに気持ちをつなげる。
反省			

部分実習 3歳児

シアターあそび
カップシアター

子どもたちが大好きなお好み焼きを作るシアターです。
大きさの違う紙コップ2種類を使うことで、簡単なしかけができます。

ねらい

- カップシアターを楽しむ。
- 保育者の問いかけに答えたり、おまじないをかけたりして、参加する楽しさを味わう。

遊び方

はじまり　保育者の声かけで、保育者の周りに集まり、座る。

カップを見て、思ったことをことばにする。

あそび　シアターをじっくり見て、話を理解しようとする。

保育者の問いかけに答えたり、おまじないをいっしょにかけて楽しむ。

おわり　感想を積極的にことばにする。

これでバッチリ！実習前の下準備

シアターに使う物
材料　紙コップ小、紙コップ大、画用紙

＊紙コップ小〈ベースの具〉　紙コップに直接絵を描くか、紙に絵を描いて貼る。
- キャベツ（表・裏）
- ねぎ（表・裏）
- たまご（表・裏）

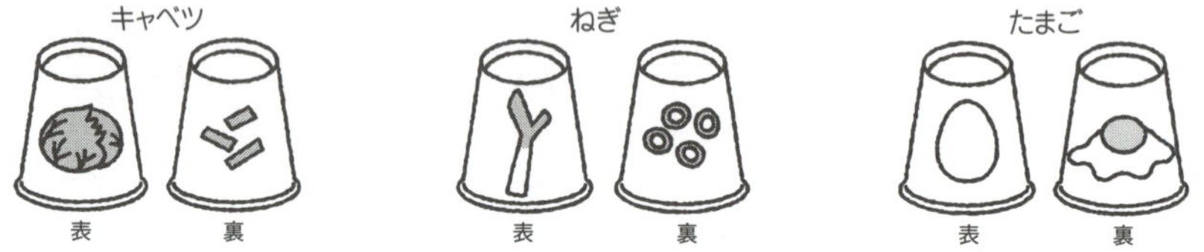

＊紙コップ小〈具〉　えび、いか、たこ、豚肉など。具は裏面なし。
- えび
- いか
- たこ
- 豚肉

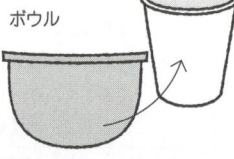

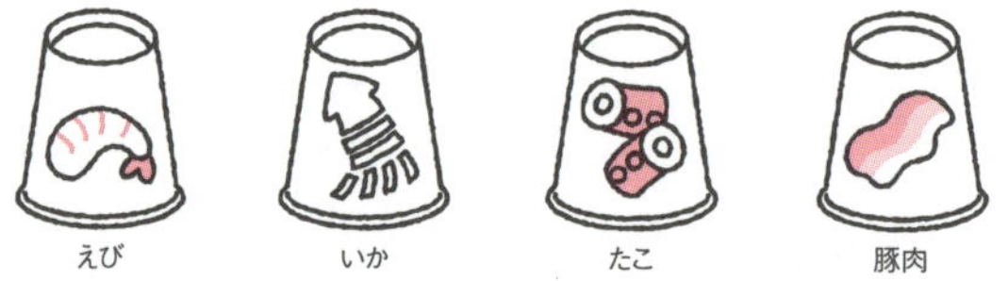

＊紙コップ大
- ボウル：画用紙にボウルの絵を描き、切り取って紙コップに貼る。
- お好み焼き：画用紙にお好み焼きの絵を描き、切り抜く。紙コップに貼る。
- お好み焼きの紙を巻き付けて入れる

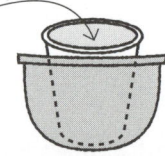

＊ボウルのカップの中に、お好み焼きのカップを重ねて入れておく。お好み焼きの絵は紙コップに巻き付けながら入れる。

準備する物

- カップシアター
（紙コップ小：キャベツ、ねぎ、たまご、各種具
　紙コップ大：ボウル、お好み焼き）
- 小道具
（おもちゃの包丁、フライ返し、泡立て器）
- 机
- 無地の布
- 無地の服

Point!

★ 話の流れを止めないよう、内容を理解しておきましょう。
★ 実際にたくさん演じて、練習しましょう！

シアターの演じ方

第3章 部分実習 3歳児

1
- 小道具、お好み焼きのカップが入ったボウルのカップを机に並べます。すべての小カップを集め、机の下など見えない所に置きます。

  保育者「大きなお好み焼きを作ります！ このボウルには、小麦粉とお水が入っています。今からおいしい具を入れていきましょう。なにを入れようか？」

2
  子ども「お肉」「キャベツ」
- 子どもたちの案に出てきたベースの具、具のカップを並べます。ベースの具は、表が子どもたちに見えるように置きます。用意していない具がある場合は、「きょうは買ってこなかったよ」などと伝えます。

3
- キャベツのカップを持ち、切る前の絵が子どもたちに見えるように示します。

  保育者「キャベツ！ 小さく切ろうね。トン、トトトン」
- 小道具の包丁でカップを切るしぐさをし、切ったキャベツの絵が子どもたちに見えるようにカップを反転させます。

  保育者「ボウルに入れます」
- ボウルのカップの中に、キャベツのカップを重ねて入れます。ねぎ、たまごも同様に行います。

4
  保育者「混ぜますよ。ま〜ぜ、まぜ」
- 小道具の泡立て器で、ボウルの中身を混ぜるしぐさをします。

5
  保育者「なにを入れたら、もっとおいしくなるかな？ みんなは、なに焼きにしたい？」
- 具のカップを示しながら、子どもたちに問いかけます。

  子ども「えびー」「お肉！」
- 子どもたちから出た案の具のカップを、ボウルカップの中に重ねて入れます。

6
  保育者「よーし！ 具が全部入ったよ。おまじないでお好み焼きを完成させちゃおう！ みんなでおまじないをかけるよ。『ちちんぷいぷい』って言ってね。せーの！」

  子ども「ちちんぷいぷい」

  保育者「まだダメだなあ、もう1回！」

  子ども「ちちんぷいぷい」
- 小道具のフライ返しを持って、保育者もいっしょにおまじないをかけながら、子どもたちとのやりとりを楽しみます。

7
- ボウルのカップから、(小カップが入ったままの状態で) お好み焼きのカップを引き抜きます。

  保育者「やったー！ お好み焼きができました。みんなでいっしょに食べようね。いただきます」

  子ども「いただきます！」
- 子どもたちにお好み焼きを取り分けるしぐさをして、いっしょに食べるまねをします。

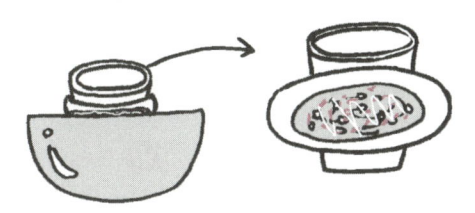

活動の流れとポイント

1 保育者の声かけで集まり、それぞれ見やすい場所を選んで座る。

保育者 子どもたちに、カップシアターをすることを伝え、空いている所に座るよう声かけをする。

舞台作り
1. 子どもがお話の世界に入れるよう、服は黒などの無地にし、テーブルにも模様のない布を敷き、舞台を作ります。
2. カップは順番に取り出せるよう、並べておきます。

2 紙コップを見て思ったことをことばにする。シアターが始まったら静かに見聞きする。

保育者 「お話ししてもいいかな？」と注目を集め、カップをいくつか出して示し、思ったことをことばにするよう促す。シアターを始める。
※演じ方はp73参照

3 保育者の問いかけに答えたり、おまじないをかけたりして、シアターに参加する楽しさを味わう。

保育者 子どものことばを受けとめながら、シアターを盛り上げていく。

盛り上がるおまじないのかけ方
1. 「みんなでおまじないをかけよう」と参加を促します。
2. 1回目では「まだダメだなあ」と言います。
3. 「だんだんできあがってきているけれど、もう少し！」と3回繰り返して盛り上げます。

4 お好み焼きを食べるまねをする。

保育者 シアターで、お好み焼きが完成したら、食べるまねをし、子どもたちにもいっしょに食べるまねをするよう促す。

もっと！楽しくなる♪アレンジ
お片づけごっこ！

遊び方
洗い物のまねっこ
お好み焼きを食べるまね。
↓
全員で「ごちそうさま」のあいさつ。
↓
洗い物のまねをして遊ぶ。

5 感想を積極的にことばにする。

保育者 シアターの終わりを告げ、感想を積極的にことばにするよう声かけする。

指導案

大学　実習生氏名（　　　　　　　）

	5月 15日（水）		3歳児　どんぐり組		
子どもの姿	◯友達2〜3人で遊ぶ姿が増える。 ◯鬼ごっこやしっぽ取りなど簡単なルールあそびができる。 ◯進級したクラス、友達、先生に慣れ、園での生活を見通して過ごせるようになってきた。				
ねらい	◯カップシアターを楽しむ。 ◯保育者の問いかけに答えたり、おまじないをかけたりして、参加する楽しさを味わう。	在籍児	男児	9	名
内容	◯カップシアター「お好み焼き」を見る。 ◯返事をしたり、おまじないをかけたりして参加をし、イメージの世界を楽しむ。 ◯見立て・つもりでお好み焼きを食べる。		女児	8	名

時間	環境構成	予想される子どもの活動	保育者の援助及び配慮
10:00		◯トイレ、手洗いをする。 ◯保育者の前に集まり、見やすい場所を選んで座る。	◯「今から楽しいことが始まるからトイレに行って集まってね」と声をかける。 ◯全員が集まるまで好きな食べ物や給食の話をする。
10:05		◯保育者の話を聞き、シアターが始まるのを楽しみに待つ。 ◯カップがなにに見えるか、ことばにする。 ◯シアターを楽しむ。	◯カップシアターをするので、見やすい場所に座るよう声をかける。 ◯「きょうはおなかが空いたので、お好み焼きを作ります」と投げかける。 ◯小道具やカップを机に置き、なにに見えるか問いかける。 ◯シアターを始める。 ◯ゆっくりカップを見せて、シアターを演じる。子どもたちの気持ちを引き付けるよう、はっきりとした声でお話を進めていく。
	［配置図：ピアノ、実習生、机、子ども、担任］ 準備する物 ◯カップシアター ◯おもちゃの包丁、泡立て器、フライ返し ◯無地の服 ◯無地の布 ◯机	◯保育者の問いかけに、「えび！」「お肉」などと答える。 ◯おまじないをかける。	◯「なに焼きにしようか？」「なにを入れたらおいしくなると思う？」と子どもたちに投げかけ、参加を促す。子どもたちのことばを受け止めながらシアターを進める。 ◯具が全部ボウルのカップに入ったら、「おまじないをかけて、お好み焼きを完成させよう」と呼びかける。 ◯おまじないが「ちちんぷいぷい」だと伝える。 ◯1回目は「まだダメだなあ、もう1回！」と言って、2回目は「もう少し！」と投げかける。 ◯「はい、できたー！」とお好み焼きのカップをボウルのカップから取り出す。 ◯お好み焼きを子どもたちに配るしぐさをする。
		◯「いただきます」のあいさつをする。 ◯お好み焼きを食べるまねをする。 ◯「ごちそうさま」のあいさつをする。	◯「いただきます」のあいさつを子どもといっしょにする。 ◯お好み焼きを食べるまねをする。 ◯「ごちそうさま」のあいさつを子どもといっしょにする。 ◯「おしまい」とシアターの終わりを告げる。
10:30		◯思いおもいに感想を言い合う。	◯感想をことばにするよう促す。
反省			

部分実習 / 4歳児 / 造形あそび

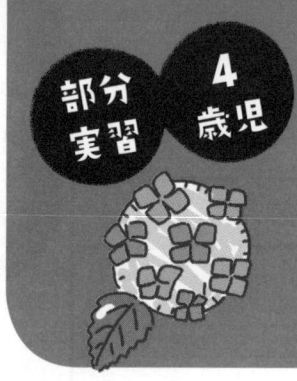

あじさい作り

雨の多い梅雨にきれいに咲くあじさい。しずくを受けて心地よさそうですね。
保育室の中にも、色とりどりのあじさいを咲かせましょう！

ねらい

- 季節を感じ、造形活動を楽しむ。
- のり付けをする。
- できあがりをイメージしながら作る。

遊び方

はじまり：保育者の声かけで、保育者の近くに集まり、座る。

あじさいの作り方を聞く。

あそび：あじさいの色を決め、クレヨンで塗る。

おりがみにのり付けして貼る。

おわり：できあがった物を見せ合い、喜ぶ。

これでバッチリ！実習前の下準備

準備する物

- 紙皿　人数分
  （深めで直径12～15cmくらいの物）
- クレヨン
  （あじさいの青・水色・ピンク・藤色・紫などを用意）
- 16分の1に切ったおりがみ
  人数×10枚程度
  （あじさいの色の青・水色・ピンク・藤色・紫などを用意）
- あじさいの葉　人数分
  （色画用紙で作った物）
- のり
- のりを入れるトレイ
  （牛乳パックを切り開いた物）

事前に作っておく物

材料 おりがみ、色画用紙、牛乳パック

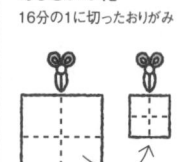

- あじさいの花：16分の1に切ったおりがみ
- あじさいの葉：色画用紙を切る
- のりを入れるトレイ：めうちなどで折り線を付ける → 牛乳パックを切り開く → 四隅をテープで留める

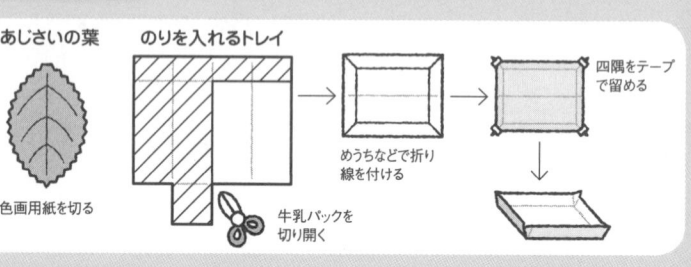

園に個人用ののりのポットがある場合は、担任の先生に相談の上、それを利用してもOK。
牛乳パックのトレイの方が、口が広く、指でのりを取りやすい。

当日子どもが作る物

材料 紙皿、16分の1に切ったおりがみ、色画用紙の葉

1. 紙皿にクレヨンで色を塗る。
2. 切ったおりがみをのりで貼る。
3. 色画用紙の葉をのりで貼る。

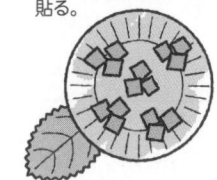

活動の流れとポイント

第3章 部分実習 4歳児

① 保育者の声かけで、テーブルの周りにいすを持ってきて、空いている所に置き、座る。

保育者
子どもたちにいすを取りに行き、空いている所に座るよう声かけをする。

全員がそろうまでにすること
全員がそろうまで、朝のできごとやきのうのことなどを聞いて会話を楽しんだり、手あそびで集中力を高めたりします。

② 保育者のあじさいに関する問いかけに答え、あじさいの作り方の説明を静かに聞く。

「あじさいはなに色？」「青！」「紫！」

保育者
あじさいがどんな色かなど、子どもたちに問いかけ、気持ちを引き付けた上で、あじさいの作り方を説明する。

気持ちを引き付ける問いかけ
「あじさいって知ってる？」「なに色のあじさいを見たことがあるかな？」など、子どもたちに投げかけ、考えてもらうことで、気持ちを引き付けることができます。

③ 実際のあじさいをイメージして、なに色のあじさいを作るか考える。

「青いのを作ろう」「私はピンク！」

保育者
なに色のあじさいを作るか決めておくよう伝え、子どもたちが考えている間に、テーブルにクレヨンと紙皿を置く。

色塗りの準備
1 子ども個人が持っているクレヨンがある場合は、使ってもよいか担任の先生に相談しておきましょう。
2 クレヨンは青・水色・ピンク・藤色・紫などを用意しておきます。

4 紙皿にクレヨンで色を塗る。

保育者
全体を見ながら、必要に応じて声かけする。

製作中の声かけ
全員を見守り、まだ塗れていない所・貼れていない所を伝えます。また、丁寧にできている所をほめ、集団に広げていくとよいでしょう。さらに、紙皿に塗るときは、白い所がなくなるまで塗るように伝えましょう。

5 保育者からのりの使い方を聞き、できあがりをイメージしながらおりがみや色画用紙の葉を紙皿に貼る。

保育者
クレヨンを回収し、のりを入れたトレイ・色画用紙の葉をテーブルに置き、おりがみ（同系色の物）を1人8～10枚程度配布する。のりの使い方を説明する。

のりの使い方
1. 牛乳パックのトレイにのりを入れ、テーブルに置きます。子どもの人数やテーブルの大きさによって、トレイの数を調整しましょう。
2. のりの量を説明します。「だんご虫くらい」と伝えると、子どもがイメージしやすくなります。
3. のりを塗る指は同じ指を使うよう伝えます。

6 できあがった物を見せ合って喜ぶ。

保育者
子どもたち全員が完成させたことを確認し、活動の終わりを伝え、使い終わった道具を回収する。感じたことをことばにするよう促す。

ちょっとがんばる＋α

はさみに挑戦！
子どもたちが自分でおりがみを切り、紙皿に貼り付けます。直線なので、4歳児にとって楽しめる課題です。

遊び方

保育者
4分の1に切ったおりがみに、十字に線をかいておく。
↓
子どもたちに、おりがみを線に沿ってはさみで切るよう促す。

活動の後で
作品の展示

担任の先生と相談の上、子どもたちの作品を保育室に飾って、友達の作品を見て楽しめるようにするとよいでしょう。作品を通して、季節を感じ、梅雨を子どもたちに伝えていってもいいですね。

指導案

大学　実習生氏名（　　　　　　　）

6月 18日（水）		4歳児	りんご組

子どもの姿	◎自分たちの生活に見通しをもち、生活を送る。 ◎思ったことをことばにし、思いがぶつかることもある。 ◎年長児のすることに興味や関心、憧れがあり、よく見ている。			
ねらい	◎季節を感じ、造形活動を楽しむ。 ◎のり付けをする。 ◎できあがりをイメージしながら作る。	在籍児	男児	14 名
内容	◎クレヨンで色付けする。 ◎おりがみをのりで貼る。		女児	14 名

時間	環境構成	予想される子どもの活動	保育者の援助及び配慮
10:00		○トイレ、手洗いをする。 ○いすを持って空いている所に座る。 ○手あそび「かたつむり」をする。	○次の活動を伝え、トイレに行きたい子は行っておくように声をかける。 ○いすを持ってきて座るように声をかける。 ○全員がそろうまで手あそびをして待つ。
10:10	ピアノ　実習生 子ども テーブル　テーブル 担任	○考えたことを口ぐちに言う。 ○作り方の説明を聞く。 ○なに色のあじさいを作るか考え、決める。	○あじさいの花を見たことがあるか、なに色があったかなどを子どもたちに投げかけ、考えてもらう。 ○子どもたちが言ってくることに共感し、受け止める。 ○あじさいを作ることを伝え、作り方を説明する。 ○なに色のあじさいを作るか決めるように伝える。
10:15		○クレヨンで紙皿を塗る。	○各テーブルにクレヨンと紙皿を置く。 ○全員を見守り、まだ塗れていない所を伝えたり、丁寧に塗れていることをほめて、集団に広げたりする。
10:25	準備する物 ○紙皿　28枚 ○クレヨン ○16分の1に切ったおりがみ　300枚（予備含む） ○のり ○色画用紙で作った葉　28枚 ○のりを入れるトレイ　8枚	○のり付けをする。	○全員が紙皿を塗れたらクレヨンを回収し、のりの入った牛乳パックのトレイを各テーブルに3～4枚、おりがみは同系色の物を1人あたり10枚程度配る。また、色画用紙の葉を1人1枚配布する。 ○使用するのりの量を説明する。「だんご虫ぐらい」などと、子どもたちがイメージしやすい物で伝える。 ○おりがみを1人10枚くらい紙皿に貼り付けるよう見守る。 ○全員があじさいを完成させたことを確認する。
10:35		○できあがった物を見せ合い喜ぶ。	○作って楽しかったことや、思っていることを受け止め、満足感が味わえるようにする。 ○作ったあじさいを保育室に飾ることを伝え、見て楽しめるようにする。

反省	

部分実習 4歳児 運動あそび

おおかみさん、今何時？

時計や数字に興味をもつきっかけ作りができるあそびです。屋外でも屋内でも遊ぶことができます。体を十分に動かしながら、ルールを理解し、友達といっしょに遊ぶことを楽しむようにしましょう。

ねらい

- ルールを知り、守りながら遊ぶ。
- 時計や数字を意識しながら体を十分に動かして遊ぶ。
- 友達といっしょに遊ぶことや追いかけられるスリルを楽しむ。

遊び方

はじまり
保育者の声かけで、保育者の近くに集まり、準備体操をして、事故防止につなげる。

実物の時計や、時計が登場する絵本を見て、数字を意識する。

おおかみの話を聞いて、興味をもってあそびを楽しみにしながら移動する。

ルールを聞く。

あそび
「おおかみさん、今何時？」のあそびを始め、体を動かすことを楽しむ。

おわり
思ったことをことばにし、積極的に話し合う。

これでバッチリ！実習前の下準備

準備する物

- カラーコーン 2個（スタートライン用）
- 時計が登場する絵本、もしくは実物の時計
（掛け時計や手作りの時計でもOK。腕時計は小さくて分かりにくいので不向き）

あそびのコツ

- 屋内でも屋外でもできるあそびです。当日の天候や環境を確認し、子どもに適した環境で行うことが大切です。
- イメージトレーニングをしておきましょう。

ルール

1. おおかみ（鬼）1人と、人間役に分かれる。
2. 人間は、スタートラインに並び、「おおかみさん、今何時？」とたずねる。
3. おおかみは、「今、○時」と答える。
   - 12時以外の場合…人間は「ああ、よかった」と言って、おおかみが言った数字と同じ歩数分おおかみに近づく。
   （例：「今3時」とおおかみが言ったら、3歩近づく）
   - 12時の場合…おおかみは人間を追いかけ、人間はスタートラインまで逃げる。
4. スタートラインまで逃げ切れずに捕まってしまった場合は、おおかみ役を交代。捕まった子がおおかみになる。

Point!

☆ 安全に遊ぶために危険な物を移動し、ルールを説明する場所などを確認します。急遽、園庭から室内に場所を変更しなければならない場合も、対応できるようにしておくと安心です。

☆ 子どもはときとして予想外の動きをするもの。活動内容について事前にイメージトレーニングしておくと、本番でも落ち着いて対応できるでしょう。

活動の流れとポイント

第3章 部分実習 4歳児

1 保育者の声かけで集まり、準備体操をする。両手を広げて、友達とぶつからない場所を見つける。

保育者
子どもたちに集まるよう声をかける。全員集まったら、友達と手が当たらない場所に広がるよう促す。園でしている体操があれば、その体操を子どもたちといっしょに行う。

体操は、左右逆に大きな動きで

1 子どもの前に出て体操をするときは、左右逆になることを意識して行います。
2 普段と同じように動くと、だらだらしているように見えてしまいます。いつもより大きく、指先まで力を入れて伸ばしましょう。
3 当日行う体操は、事前に覚えておきましょう。1・2を意識してなにも見ずにできるようにしておく必要があります。

※全員がそろうまでにすることはp69を参照

2 時計を実際に見たり、時計が出てくる絵本を見たりして、数字を意識する。

保育者
保育者が見える場所に座るよう声をかけ、時計が出てくる絵本を読んだり、掛け時計や手作りの時計を子どもたちに見せたりして、数字に興味がもてるよう話す。

数字に興味をもつことばかけ

時計を見ながら話をするときに、園での1日の生活と絡めると、子どもは興味をもって話が聞けます。たとえば「朝は何時ぐらいに起きるの」から始めて「給食の時間は12時だね」や「おやつの時間は3時だね」と園での共通の話題を取り入れていくと、より興味をもちます。

3 おおかみの話を聞いて興味をもち、楽しみにしながら園庭やホールなどあそびを行う場所へ移動する。

保育者
おおかみの話をして、子どもたちの期待感を高め、活動場所へ移動するよう声をかける。

お話でスムーズに導入

「これからおおかみさんの家に行こう。だけどね、12時になると、おおかみさんはおなかが減って、みんなを食べてしまうかもしれない。だから、おおかみさんに時間を聞きながら行こうね」とお話をすると、自然に導入ができて、あそびに入っていけます。また、時計の絵本を読んでいないなら、おおかみが登場する「おおかみと7ひきのこやぎ」や「赤ずきん」などを読んでもよいでしょう。役になりきって遊ぶことができます。

81

4 ルールの大切さを知り、静かにしっかりと見聞きする。

保育者
てみじかに分かりやすくルールを伝え、子どもがあそびに興味をもてるようにする。

ルール説明は楽しく、てみじかに
★ ルール説明は大切。しかし、長過ぎると子どものやる気が半減してしまいます。導入でルールの概要は伝わっています。スタートの場所、みんなで「おおかみさん、今何時?」と聞いて進むこと、12時になったらスタートラインまで逃げることを伝えればOKです。

5 保育者の話を聞いて、あそびに参加する。

保育者
全体を見ながらあそびを盛り上げる。子どもたちが慣れてきたら、ルールを増やしてあそびを広げていく。(例:12時と言われる前におおかみにタッチできたら、全員が逃げ切ったことになるなど)

保育者もいっしょに楽しむ
1. 最初は保育者がおおかみ役をして進めるようにし、1回目は捕まえないで「今12時」というまで近づくことや、おおかみが追いかけるとスタートラインまで逃げることなど、ルールの確認を中心にします。
2. 「おおかみは怖いもの」というイメージをもっている子もいます。そこではじめから捕まえてしまうと、怖くて泣き出してしまうかもしれません。しかも、信頼関係がしっかりできていない実習生がおおかみ役だと、怖さは倍増するでしょう。あそびに慣れるまでは捕まえず、逃げることを楽しめるようにして進めていきましょう。

6 楽しかったことや思ったことを積極的に言い合う。

保育者
全員が十分に楽しんだことを確認し、活動の終わりを伝え、感じたことをことばにするよう促す。

もっと楽しくなる♪ アレンジ

室内でも安全に楽しく!

遊び方
体育座りのまま、手足を曲げ伸ばしして移動する。
↓
安全に遊ぶことができ、手足の筋力強化にもつながる。

*手を床につけてお尻と手足の力で進む。

活動の後で
あそびを違う角度から見てみよう

このあそびは、現場ではよく行われているメジャーなものです。2歳児では、後半に逃げることを楽しむあそびとして取り入れたり、3歳児では鬼を経験してあそびを進められるようにこのあそびを使ったり、4歳児では時の記念日の時期に合わせてこのあそびを行い、数字を意識しながら、遊べるようにします。このように、あそびを違う角度から見て、子どもにあそびを合わせる工夫をすることで1つのあそびが色々な特性をもったものに変化していきます。

指導案

大学　実習生氏名（　　　　　　　　　）

9 月 5 日 (水)		4 歳児　れんげ 組		
子どもの姿	◎気の合う友達や異年齢児と、かかわって遊ぶ姿が見られる。			
ねらい	◎ルールを守りながら遊び、スリルを楽しむ。 ◎時計や数字を意識しながら体を十分に動かして遊ぶ。 ◎友達といっしょに遊ぶことを楽しむ。	在籍児	男児	7 名
内　容	◎準備体操をする。 ◎「おおかみさん、今何時？」をする。		女児	6 名

時　間	環境構成	予想される子どもの活動	保育者の援助及び配慮
9:45 10:00	実習生 ○ （おおかみ役） カラー　　　カラー コーン　　　コーン △　スタートライン　△ ○○○○○ ○○○○○　子ども 担任○ 準備する物 ○時計 ○カラーコーン　2個 （スタートライン用）	○トイレ、手洗い、うがいをする。 ○保育者の近くに集まる。 ・手あそび「いわしのひらき」をする。 ○準備体操をする。 ・保育者のまねをして音楽に合わせて体を動かす。 ○保育者の話を聞き、数字に興味をもつ。 ○保育者の話を聞き、あそびを楽しみにする。 ○園庭に移動する。 ○保育者の話を静かに聞き、あそびのルールを理解する。 ○「おおかみさん、今何時？」をする。 ・スタートラインに並び、「おおかみさん、今何時？」とおおかみに言う。 ・おおかみ（保育者）は「○時」と言い、子どもは言われた数字の分、前に進む。 ・おおかみが「今12時」と言ったときは、スタートラインまで走って戻る。 ・繰り返し遊ぶ。 ・おおかみに「12時」と言われる前におおかみにタッチをすると、全員が逃げ切ったことになる、というルールを増やして遊ぶ。	○安全に遊べるように広い場所を作っておく。 ○子どもたちに声をかけ、次に運動することを伝え、トイレを済ませておくよう促す。 ○全員が集まるまで手あそびをして、楽しんで過ごせるようにする。 ○体を動かすので、子どもの体調を確認する。 ○リズムに乗りやすい曲を選び、保育者もいっしょに楽しんで体操をして楽しい雰囲気を作る。 ○保育者の声がよく聞こえるように、近くに集まるように声をかける。 ○時計を見せながら、子どもたちの1日の生活の流れと時間について話し合い、興味がもてるようにする。 ○おおかみの話をし、園庭に移動するよう伝える。 ○「おおかみさん、今何時？」のあそびのルールを説明する。 ○あそびが楽しめるように、「おおかみさん、今何時？」と全員で声に出すように促す。 ○おおかみが「12時」と言ったときはどこに戻るかを確認する。 ○保育者がおおかみ役になり、子どもたちの姿を見て進めるペースに気をつける。 ○おおかみを怖がらないように保育者も楽しんでいっしょに遊ぶ。 ○逃げることが分からない子どもには、個別に声をかけて気付くようにする。 ○おおかみから逃げるスリルが味わえるように繰り返し遊ぶ。 ○ルールが分かりあそびに慣れてきたら、あそびの楽しさが広がるようにルールを増やして遊ぶ。 ○タッチをするときは友達も分かるように、声に出して知らせるようにする。
10:45		○保育者の話を聞く。 ○楽しかったことや思ったことを積極的に話し合う。	○全員が十分に楽しんだことを確認して、活動の終わりを伝える。 ○戸外の場合は、日陰に集まるように配慮をする。 ○遊んで楽しかったことや、思ったことを話し合い、受け止め、満足感が味わえるようにする。
反省			

第3章　部分実習　4歳児

部分実習 4歳児 室内あそび

ボールリレー

室内で、みんなでいっしょになにかをする、競い合うことを楽しめるあそびです。
ボールを用いて、室内でも体を使ってあそびましょう。

ねらい

- 全身を使って、楽しく遊ぶ。
- ルールを理解し、守って楽しく遊ぶ。
- 友達と協力し、競い合うことを楽しむ。

遊び方

はじまり　保育者の声かけで、保育者の近くに集まり、座る。

手あそびをして、準備体操につなげる。

ルールの説明を聞き、何度か練習する。

あそび　ボールリレーで遊ぶ。

おわり　感想を積極的に言い合う。

これでバッチリ！実習前の下準備

準備する物

- ボール　2個
  （子どもが手で持ってちょうどよい大きさの物）
- ビニールテープ
  （スタートライン用）

ルール

1. 2つのグループに分かれ、それぞれ縦1列に並ぶ。
2. 保育者の合図で、先頭の子が後ろを向いて、次の子にボールを渡し、さらに次の子へと順にボールを渡していく。
3. 最後の子は、ボールを受け取ったら、スタートラインまで走って戻る。
4. 最後の子が早く戻ったグループの勝ち！　1回ごとに勝敗を言う。

あそびのコツ

事前にあそびをシミュレーションしてみましょう。その上で、計画を立てることが大切です。たとえば、活動場所の選び方。保育室の広さや子どもの人数によっては、保育室ではなくホールなどを使う準備が必要になります。

Point!

★ 活動場所や使用する道具などについて、事前に担任の先生と相談し、使用する許可をもらいましょう。

★ 安全に遊ぶために、危険な物を移動し、スタート地点、保育者が立つ場所などを決めましょう。

「保育室だと狭いね」

活動の流れとポイント

第3章 部分実習 4歳児

1 保育者の声かけで、それぞれ見やすい場所を選んで、保育者の前に座る。

保育者
子どもたちに、それぞれ見やすい場所を選んで座るよう、声かけをする。

全員がそろうまでにすること
全員がそろうまで、朝のできごとやきのうのことなどを聞いたりして会話を楽しみます。

2 手あそびをして集中力を高め、準備体操をする。保育者のまねをして体を動かすことを楽しむ。

保育者
手あそびをするよう促す。また、子どもたちといっしょに準備体操をする。

全身を使う手あそびがおすすめ！
ボールリレーの場合は、手あそびを準備体操の代わりにしてもよいでしょう。たとえば、「あたまかたひざぽん」のように、全身を動かす手あそびがおすすめです。「ぽん」の部分でジャンプするなど、アレンジしても楽しいです。

3 保育者の問いかけに興味をもって答え、ボールリレーのルール説明を静かに聞く。

「リレーって知ってる？」

保育者
子どもたちにリレーについて問いかけ、子どもたちの気持ちを引き付けた上で、てみじかにルールを説明する。

気持ちを引き付けるルール説明
1 「リレーって知ってる？」と問いかけ、子どもたちに考えてもらうことで、気持ちが引き付けられます。
2 子どもたちの返答に共感しながら、「ボールリレーってどういうことだろうね？」と再度投げかけます。
3 「説明するからよく聞いてね」と伝え、短くルールを説明します。
4 最初は、「1列に並んで、後ろを向いてボールを渡す」という1番簡単なルールだけ説明します。

4 グループに分かれて、何度か練習する。

保育者
全体を見ながら、必要に応じて声かけする。

グループの分け方
1. グループの分け方について、事前に考えておきましょう。
2. 担任の先生に日頃のグループについて聞いておきましょう。
3. 子どもの人数が奇数の場合は、一方のグループの人数が少なくなります。対応の仕方（保育者が入るなど）を考えておきましょう。

5 ボールリレーを楽しむ。

保育者
ボールを落とさずに、速く次の人に回すことを意識するよう声かけしていく。1回ごとに勝敗を告げ、競い合う楽しさを高めるようにする。

6 感想を積極的に言い合う。

保育者
子どもたち全員が十分に楽しんだことを確認し、活動の終わりを伝え、ボールを回収する。感じたことをことばにするよう促す。

もっと！楽しくなる♪アレンジ

難しくして、あそびを発展！

遊び方
- 頭の上でボールを送る。
- 足の間からボールを送る。

Point!
★ 慣れてきたら、動作を少し難しくしてみましょう。あそびの楽しさが膨らみます。

活動の後で
ボールあそびに発展！

ボールが人数分あれば、ボールをついたり、投げたり、転がしたりといったボールあそびに発展させていくとよいでしょう。年中児から年長児になれば、ドッジボールやキックベースボールなども楽しめます。

指導案

大学　実習生氏名（　　　　　　　　）

2月 18日（火）　　　　　4歳児　　りんご組

子どもの姿	◎年長児になることに期待を膨らませている。 ◎友達とあそびや生活を協力して行っている。	
ねらい	◎全身を使って楽しく遊ぶ。 ◎ルールを理解し、守って楽しく遊ぶ。 ◎友達と協力し、競い合うことを楽しむ。	在籍児　男児 7名／女児 7名
内容	◎ボールリレーで遊ぶ。	

時間	環境構成	予想される子どもの活動	保育者の援助及び配慮
10:00		○トイレに行き、手洗いする。	○次の活動を伝え、トイレに行きたい子は行っておくように声をかける。
10:10	○実習生 スタートライン ○　○ ○　○ ○　○ ○　○ ○　○ ○子ども○ 担任○ 準備する物 ○ボール 2個 ○ビニールテープ （スタートライン用）	○保育者の近くに集まる。 ○手あそび「あたまかたひざぽん」をする。 ○保育者といっしょに準備体操をする。 ○保育者の問いかけに知っていることを口ぐちに言う。 ○保育者のルール説明を静かに聞く。 ○2つのグループに分かれて、1列に並ぶ。 ○ボールリレーの練習をする。 ○ボールリレーをする。	○全員が集まるまで、今朝のできごとやきのうのことを聞くなどして、会話を楽しむ。 ○全員がそろったら、手あそび「あたまかたひざぽん」を立ち上がった状態で行う。「ぽん」の部分をジャンプして楽しむ。 ○友達と手がぶつからない場所に広がるよう声をかけ、子どもたちといっしょに準備体操をする。 ○「リレーって知ってる？」と子どもたちに投げかける。 ○子どもたちの返答に共感・感心して受け止める。 ○きょうするリレーはボールのリレーだと伝え、ルールを説明する。 ○2つのグループに分かれて並ぶように声かけする。スタートラインになる位置にビニールテープを貼る。 ○ボールを各グループに渡して1〜2回練習することを伝え、やってみる。 ○あそびを始める。 ・ボールを落とさないように声をかける。 ・1回戦ごとに勝敗をつける。 ・最初は、振り向いて次の人にボールを渡す。子どもたちが慣れてきたら、ボールを頭の上で渡す、足の間をくぐらせて渡すなどバリエーションをつける。
10:30		○保育者の話を聞く。 ○遊んだ感想を言う。	○あそびが充実したらボールを回収し、活動の終わりを伝える。 ○遊んで楽しかったことや、思ったことをことばにするよう促し、子どもたちのことばを受け止め、満足感が味わえるようにする。
10:35		○次の活動を楽しみにしながら活動を終える。	○「また、今度しようね」と次につなげて終わる。
反省			

部分実習　5歳児　造形あそび

クリスマスリース作り

季節を感じ、クリスマスのイメージを広げ、楽しみを膨らませる取り組みです。
拾い集めた自然物なども使って自由に装飾しましょう。

ねらい

- 季節を感じ、クリスマスを楽しみにする。
- さまざまな素材に触れて造形活動を楽しむ。
- ボンドを使う。

遊び方

はじまり　保育者の声かけで、保育者の近くに集まり、座る。

→ リースの説明、使う物の説明、作り方の説明を聞く。

あそび　クリスマスに思いをめぐらせながら土台のリースに色付けする。

→ 飾りを選び、トレイに載せて持ってくる。

→ 色を塗ったリースの土台を飾り付けする。

おわり　できあがった物を見せ合い、喜ぶ。

これでバッチリ！ 実習前の下準備

準備する物

- ドーナツ型に切った段ボール　人数分
- 自然物（どんぐり、まつぼっくり、木の実、落ち葉など）
- リボン
- 厚紙の星
- 大きめのプラスチック製のビーズ
- 自然物を入れるトレイ　人数分
- クレヨン（緑、黄緑、深緑などを用意）
- 木工用ボンド
- 新聞紙
- ボンドを入れるトレイ（牛乳パックを切り開いた物）
- 半分に切った割り箸　人数分
- 机
- 完成品のリース

事前に作っておく物

材料　段ボール、リボン、厚紙、牛乳パック、割り箸

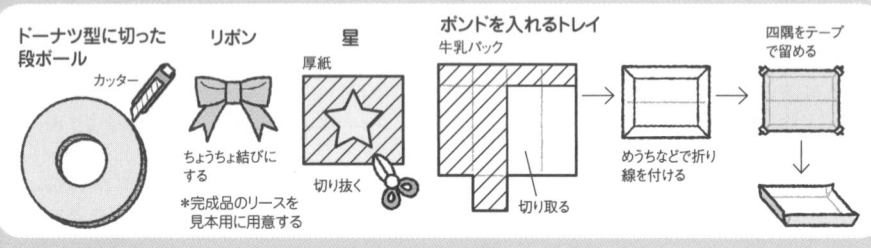

- ドーナツ型に切った段ボール（カッター）
- リボン（ちょうちょ結びにする）
- 星（厚紙／切り抜く）
  ＊完成品のリースを見本用に用意する
- ボンドを入れるトレイ（牛乳パック／切り取る → めうちなどで折り線を付ける → 四隅をテープで留める）

※園に、チューブなどに入ったボンドがあれば、担任の先生に相談の上、使用してもOK。
牛乳パックのトレイの方が、口が広いので、割り箸を差し込みやすい。
※割り箸は割って半分に切り、必要に応じて切り口をなめらかにしておく。

当日子どもが作る物

材料　ドーナツ型に切った段ボール、自然物、リボン、厚紙の星、大きめのプラスチック製のビーズ

1. ドーナツ型に切った段ボールにクレヨンで色を塗る。
2. ①にボンドで自然物を付ける。
3. リボンや星、ビーズで飾り付ける。

活動の流れとポイント

第3章 部分実習 5歳児

1 保育者の声かけで、テーブルの周りにいすを持ってきて、空いている所に置き、座る。

保育者
子どもたちに、いすを取りに行き、空いている所に座るよう声かけをする。

全員がそろうまでの時間にすること
★ 全員がそろうまで、クリスマスにまつわる会話を楽しんだり、手あそびで集中力を高めたりします。

2 保育者の問いかけに答え、リースの作り方の説明を静かに聞く。

保育者
子どもたちに材料を見せて、なにか分かるか問いかけ、気持ちを引き付けた上で、リースの作り方を説明する。

気持ちを引き付ける作り方の説明
★ 「リースって知ってる？」と問いかけ、完成品を見せたり、材料の自然物などを見せて、「これはなにかな？」など、子どもたちに投げかけ、考えてもらうことで、気持ちを引き付けることができます。

3 クリスマスへの思いを膨らませながら、リースの土台に色を塗る。

保育者
新聞紙・リースの土台の段ボール・クレヨンを配り、新聞紙の上で色塗りをするよう声かけする。

色塗り
1. 子ども個人が持っているクレヨンがある場合は、使ってもよいか担任の先生に相談しておきましょう。
2. クレヨンは緑、黄緑、深緑など緑色系の物を用意しておきます。
3. 土台に塗るときは、段ボールが見えなくなるまで塗るよう指導します。

4 自然物と割り箸を取りに行き、トレイに載せて戻る。
保育者からボンドの使い方を聞いて、自然物を土台に付ける。

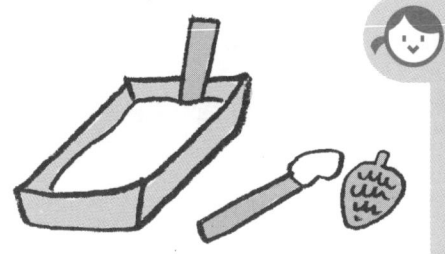

保育者
クレヨンを回収し、1人ずつにトレイを渡す。グループごとに、好きな自然物10個と割り箸を取ってくるよう促す。この間に、牛乳パックのトレイにボンドを入れてテーブルに置く。全員が席に戻ったら、ボンドの使い方を説明する。

ボンドの使い方
1. 牛乳パックのトレイにボンドを入れ、テーブルに置きます。子どもの人数やテーブルの大きさによって、トレイの数を調整しましょう。
2. 割り箸でボンドを取り、貼りたい物に塗り付けて接着するよう指導します。
3. ボンドを手に付けないよう伝え、もし付いてしまったら手洗いしてくるよう声かけします。

5 リボンやビーズ、星などの装飾品を取りに行き、リースの土台に貼り付ける。

保育者
自然物を貼り終えた子から、トレイに装飾物を取りに行くよう声をかけ、土台の空いている場所に貼るよう指導する。星を1番上に貼るよう見本を見せる。

製作中の声かけ
全員を見守り、まだ塗れていない所・貼れていない所を伝えます。また、丁寧にできている所をほめ、集団に広げていくとよいでしょう。

6 できあがった物を見せ合って喜ぶ。

保育者
子どもたち全員がリースを完成させたことを確認し、活動の終わりを伝え、道具などを回収する。感じたことをことばにするよう促す。

もっと！楽しくなる♪アレンジ

クリスマスを楽しもう
子どもたちが作ったリースを見ながら、歌やお話をして盛り上げると、楽しみが膨らみます。

遊び方
クリスマスの歌をみんなでうたう。
↓
クリスマスに関する絵本を読んだりお話をする。

活動の後で
作品の展示

担任の先生と相談の上、作品を保育室に飾って、造形活動をしたことを思い出したり友達の作品を見て楽しめるようにするとよいでしょう。

指導案

大学　実習生氏名（　　　　　　　）

11月　25日（木）		5歳児　ぶどう組		
子どもの姿	◎ドッジボールやまりつき、縄跳びのあそびがはやり、技を磨いている。 ◎室内あそびでは、カードゲームやオセロを友達と楽しむ。 ◎小さいクラスの友達のお世話が自然とできる。			
ねらい	◎季節を感じ、クリスマスを楽しみにする。 ◎さまざまな素材に触れて造形活動を楽しむ。 ◎ボンドを使う。	在籍児	男児	13名
内容	◎段ボールにクレヨンで色付けする。 ◎ボンドでどんぐりやまつぼっくりなどの自然物とリボン、星などを付け装飾する。		女児	15名

時間	環境構成	予想される子どもの活動	保育者の援助及び配慮
10:00	[材料を置く机] 実習生　子ども ○　　　　○ ○テーブル○　○テーブル○ ○　　　　○ ○ 担任 準備する物 ○ドーナツ型に切った段ボール　人数分 ○自然物 ○リボン ○厚紙の星 ○大きめのプラスチック製のビーズ ○トレイ　人数分 ○クレヨン ○ボンド ○ボンドを入れるトレイ 　（牛乳パックを切り開いた物） ○半分に切った割り箸　人数分 ○机 ○完成品のリース（見本用） ○新聞紙	○トイレ、手洗いをする。 ○いすを持ってきて空いている所に座る。	○次の活動を伝え、トイレに行きたい子は行っておくように声をかける。 ○いすを持ってきて座るよう促す。 ○全員が集まるまで、クリスマスにまつわる話をして楽しい雰囲気の中で待てるようにする。
10:10 10:15		○「クリスマス」「サンタさん」などと答える。 ○保育者の話を静かに聞く。 ○新聞紙の上で色塗りをする。 ○クレヨンを保育者に渡し、話を聞く。 ○トレイを受け取り、自然物を取りに行く。	○「あと30日したら、なんの日か分かるかな？」と子どもたちに投げかけ、興味・関心を引き集中させる。 ○リースがどんな物か、完成品を見せて説明する。 ○素材を見せながら、素材について説明し、リースの作り方も説明する。 ○土台の段ボールとクレヨン、新聞紙を配り、新聞紙の上で色塗りをするように声かけする。 ○全員を見守り、まだ塗れていない所を伝えたり、きれいに塗れていることをほめたり、集団に広げたりする。 ○全員が塗り終わったらクレヨンを回収し、1人1枚ずつトレイを渡す。グループごとに土台に貼る自然物と割り箸を、材料を並べた机から取ってくるように声かけする。
10:25		○保育者の話を静かに聞く。 ○自然物をボンドで土台に付ける。 ○装飾品のリボンや星、ビーズを取りに行く。 ○装飾品をボンドで土台に付ける。	○子どもたちが自然物を取りに行っている間に、牛乳パックのトレイにボンドを入れ、各テーブルに4枚ずつ置く。 ○ボンドの使い方を説明する。 ○好きなように飾り付けるよう声かけする。 ○ボンドの扱いに気をつけるように見守る。もし、手についてしまったら手洗いしてくるように声かけする。 ○自然物を付け終わった子から、星などの装飾品を机から取ってきて、リースを飾り付けるよう促す。 ○星は1番上に付けるよう、見本を見せて示す。 ○リースに対して材料が少ない場合は、再度取ってくるように声かけする。
10:35		○できあがった物を見せ合い喜ぶ。	○作って楽しかったことや、思ったことをことばにするよう促し、受け止め、満足感が味わえるようにする。 ○完成したリースを、保育室に飾ることを子どもたちにも伝え、見て楽しめるようにする。 ○ボンドのトレイ、割り箸は捨てる。自然物、机を片づける。
反省			

部分実習 5歳児 運動あそび
カメレオン

あそびの中に歌のかけ合いを入れて、一体感を感じながら遊ぶあそびです。色や形などを題材にして遊びます。基本的に屋外で走ることが中心となります。天候などに注意しましょう。

ねらい

- ルールを知り、守りながら遊ぶことを楽しむ。
- 色や形に興味をもち、遊ぶ。
- 友達とのかけ合いを楽しむ。

遊び方

はじまり: 保育者の声かけで、それぞれ保育者の近くに集まる。

準備体操をして、事故防止につなげる。

絵本を見て、カメレオンを知り、色について関心をもつ。

ルールを聞き、重要な所を保育者と確認する。

あそび:「カメレオン」のあそびを始め、体を動かすことを楽しむ。

おわり: 思ったことをことばにし、積極的に話し合う。

これでバッチリ！実習前の下準備

準備する物

- カメレオンを題材にした絵本
- 帽子(人数分。鬼だけ色を変える)
- 子ども用のいす(1脚)

あそびのコツ

- 園庭など屋外で行う場合、当日の天気を調べておく。雨の場合は、場所の確保や代案を考えておく。室内の場合は、カラーボールなど色のある物を準備する。
- 屋外で行う場合、春夏など暑い時期は日陰、秋や冬などは日向になる位置を確認しておく。
- 園庭にある遊具や花の、色や形、場所を調べておく。
- 体調不良で参加できない子どもに対する配慮をする。(担任の先生と相談しておく)

ルール

1. 鬼が「カメレオン」を節を付けてうたい、鬼以外の子が輪唱のようにうたいながら鬼に近づく。鬼が最後にお題を言う。※節は自由に付ける。
   鬼:「♪カーメレオン」　他:「♪カーメレオン」　鬼:「♪なんの色」　他:「♪なんの色」
   鬼:「♪上手に上手に、ば～けてね」　他:「♪上手に上手に、ば～けてね」
   鬼:お題の色を言う。(例:「赤！」)
2. 鬼がお題を言ったら、お題の色の物を探してタッチする。
3. 鬼は、10秒数え、お題の色の物を見つけていない子を捕まえる。
4. 鬼が誰かを捕まえたら、鬼を交代。捕まえられなかったら、もう1度鬼をする。

Point!

★ 屋外で行うときは、前日に天気を確認しましょう。雨の場合は、室内で遊ぶ場所を確保します。確保できない場合は、代案を考える必要があります。担当の先生に確認をしながら進めましょう。

★ 屋外では、ルールの説明を行う場所に対しても配慮が必要です。暑い日に日向で説明をすると、暑さや太陽の光で説明に集中できない場合があります。最悪の場合、熱中症や日射病になる子も出てくるかもしれません。秋や冬などの寒い時期は太陽が当たる暖かい場所で行い、逆光にならないように注意しましょう。保育者は環境構成においても養護的な配慮が必要です。

★ 夏は、活動が始まる前と活動が終わった後に、水分補給をしっかり行うなど、熱中症予防の対策も担任の先生と相談しましょう。

活動の流れとポイント

第3章 部分実習 5歳児

1 保育者の声かけで、それぞれ見やすい場所を選んで、保育者の前に座る。

「見える所に座ってね」

保育者
子どもたちに、それぞれ見やすい場所を選んで座るよう、声かけをする。

全員がそろうまでの時間にすること
1. 朝のできごとやきのうのことを聞くなどして、会話を楽しみます。
2. 手あそびで集中力を高めます。
3. 体を動かして遊ぶことを伝え、体調の悪い子やけがをしている子がいないか確認します。

2 保育者の読み聞かせを聞き、色に関心をもち、楽しみにしながら帽子をかぶり園庭へ移動する。

保育者
カメレオンを題材にした絵本を読み、カメレオンの色が変化する特性を使ったあそびだということを伝え、興味をもってあそびに参加できるようにする。園庭に移動するよう伝える。

絵本でスムーズに導入
子どもの中には、カメレオンになじみのない子もいます。絵本を通してイメージが膨らむようにし、あそびにつなげます。

3 準備体操をする。両手を広げて、友達とぶつからない場所を見つける。保育者のまねをして体を動かすことを楽しむ。

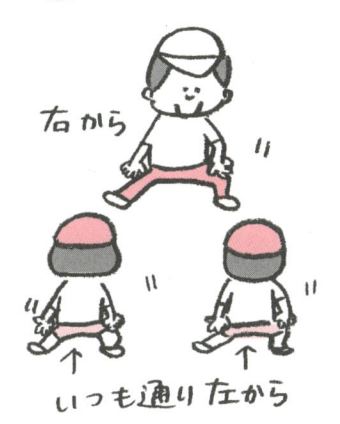

右から / いつも通り左から

保育者
友達と手が当たらない場所に広がるよう促す。走ることが中心のあそびなので、足を中心に動かす。園でしている体操があれば、その体操を子どもたちといっしょに行う。

体操は、左右逆に大きな動きで
1. 子どもの前に出て体操をするときは、左右逆になることを意識して行います。
2. 普段と同じように動くと、だらだらしているように見えてしまいます。いつもより大きく、指先まで力を入れて伸ばしましょう。
3. 当日行う体操は、事前に覚えておきましょう。1・2を意識してなにも見ずにできるようにしておく必要があります。

❹ ルールの大切さを知り、静かにしっかりと見聞きする。

保育者
てみじかに分かりやすくルールを伝え、子どもがあそびに興味をもてるようにする。

ルール説明は楽しく、てみじかに

1. ルール説明は大切。ですが、長過ぎると子どものやる気が半減してしまいます。
2. ルール説明は簡潔に行います。ルールの確認は子どもといっしょに、体を動かしながら行いましょう。
3. このあそびは歌をうたい、一体感をもって遊ぶことがねらいの1つなので、保育者が先に歌をうたい出し、子どもは後でうたい始め、輪唱します。遊ぶ前に歌だけ2、3回繰り返すといいでしょう。

❺ 保育者といっしょにうたいながらあそびを楽しむ。

保育者
全体を見ながらあそびを盛り上げる。

雰囲気作りも大切

1. 最初は保育者が鬼をしますが、はじめは捕まえるのではなく、子どもたちがお題の色を見つけられたことを認め、ユニークな物を選んだ子や、クラスの中で少しおとなしい子が見つけた物を全体に紹介することで、子どもはやる気がもて、お題の物を探すことをより楽しみます。
2. 3・4回繰り返した所で、子どもを捕まえに行きます。そのときに子どもに「今から捕まえに行くよ」と声をかけることで、あそびが次の段階に移ったことを子どもが認識できます。
3. 鬼が子どもに変わり、鬼の子が戸惑っているときは、保育者が子どもの近くに行き、いっしょにうたうことで安心してあそびに参加できます。

❻ 楽しかったことや思ったことを積極的に言い合う。

保育者
全員が十分に楽しんだことを確認し、活動の終わりを伝え、感じたことをことばにするよう促す。

もっと楽しくなる♪アレンジ

ルールを増やして、あそびを発展！

お題の種類を変える

たとえば…。
- ■「硬い物」や「丸い物」などの形状を表す物
- ■「男の子」や「女の子」など性別
- ■「○○グループ」などクラスのグループ
- ■「3人組」などの数字
- ■「○○くん」など個人

お題を変えていくことであそびが広がります。

遊び方 保育者

低年齢児向けに
- ■ お題に使う色の色画用紙をB5サイズに切り、ラミネートした物を準備します。お題と同じ色の紙を示すことで、2歳児から「カメレオン」のあそびを行うことができます。
- ■ 鬼ごっこではなく、色探しを主にすることで子ども一人ひとりを受け止めることにつながります。

指導案

大学　実習生氏名（　　　　　　　　　）

9 月　5 日（水）　　　　　　　　　　　5 歳児　ひまわり 組				
子どもの姿	◎かけっこや鬼ごっこなど、友達を誘い、競い合うことを楽しんでいる。 ◎友達といっしょにゲームあそびを楽しんでいるときに、友達がぬけても、その後の方法について自分たちで話し合いをし、ルールを決めてゲームを続けている。			
ねらい	◎ルールを守りながら、友達との掛け合いを楽しむ。 ◎色や形に興味をもって遊ぶ。	在籍児	男児	9 名
内容	◎準備体操をする。 ◎絵本『なめれおん』を見る。 ◎「カメレオン」をする。	^	女児	7 名

時間	環境構成	予想される子どもの活動	保育者の援助及び配慮
9:45 10:00	〈園庭〉 　　実習生 　　　○ 　　　子ども 　○○○○○○○ 　○○○○○○○ 　　　　○ 　　　担任 準備する物 ○帽子 （人数分。鬼だけ色を変える） ○絵本『なめれおん』 ○子ども用のいす　1脚	○トイレ、手洗い、うがいをする。 ○保育者の所に集まる。 ・手あそび「ちゃちゃつぼ」をする。 ○保育者の読み聞かせを聞く。 ・絵本『なめれおん』を見る。 ○園庭に移動する。 ○準備体操をする。 ・友達とぶつからないように広がり、保育者のまねをして体を大きく動かす。 ○保育者の話を聞き、「カメレオン」のルールを理解する。 ○「カメレオン」で遊ぶ。 ・鬼（保育者）と子どもが輪唱をする「♪カーメレオン」 ・鬼が言った色を探しタッチする。 ・鬼が「いいよ」と言うまでお題の色の物に触っている。 ・繰り返し遊ぶ。 ・ルールを変える。 ・形状を表す物や性別などお題を色から別の物に変えて遊ぶ。 ・鬼に捕まらないように急いでお題の物を見つける。 ・鬼を子どもがする。	○自ら進んでする姿を見守り、様子を見て声をかける。 ○読み聞かせを始めるので、集中できるように手あそびをする。 ○全員そろったら、体を動かすので体調を確認しておく。 ○絵本を通じてカメレオンについて伝え、興味がもてるようにする。 ○気持ちが落ち着くように絵本を見て、読み聞かせをする。 ○遊ぶ場所を伝え、子どもたちに移動するよう促す。 ○友達とぶつからないように声をかける。 ○一人ひとりの立ち位置を見て、保育者が見えて安全である場所か確認をする。 ○子どもたちが体を動かしやすいように、先の動きの声かけをする。 ○「カメレオン」のあそびのルールを説明する。 ○実際に遊ぶ前に、歌だけうたい、楽しい雰囲気を作る。 ○色を言う前に、事前にその場にある色を確認して、子どもたちがよく知っている色から言うように心がける。 ○子どもたちが見つけた色をクラスに伝えて、気付きや自信がもてるようにする。 ○1回遊び、気付いたことがあれば子どもたちと確認する。 ○ある数が少ない色や、見つけにくい場所にある色など、回数を重ねるごとに難しくしていき、見つけたときの楽しさが味わえるようにする。 ○子どもたちが慣れてきたら、ルールを変えるなどしてあそびを広げていく。 ○スリルが味わえるように、鬼が追いかけるようにする。 ○鬼の子どもが不安にならないように子どもの傍らで見守り、様子を見てことばかけをする。 ○鬼に同じ子どもが続いたときは子どもたちと話し合い、どうするか決める。
10:45		○保育者の話を聞く。 ○楽しかったことや思ったことを積極的にことばにする。	○全員が十分に遊んだことを確認し、保育者の声が聞こえるように、近くに集まるよう声をかけ、活動の終わりを伝える。 ○遊んで楽しかったことや、思ったことを話し合い、気持ちを受け止め、次回遊ぶときに期待がもてるようにする。
反省			

部分実習 5歳児 室内あそび
フルーツバスケット

寒い冬には、みんなで室内あそびも楽しみましょう！
ことばを聞いて反応し、目で空間をとらえます。5歳児はスリリングに遊べますよ。

ねらい

- ルールを理解し、友達といっしょに楽しむ。
- ことばを聞いて動き、空間を目線でとらえて空いている席にすばやく座ることを経験する。
- 鬼になり、あそびを進行することを楽しむ。

遊び方

はじまり
保育者の声かけで、いすを円形に並べて座る。 → フルーツカードを選ぶ。 → ルールの説明を聞く。 → 何度か練習する。

あそび
「フルーツバスケット」で遊ぶ。

おわり
感想を積極的にことばにする。

これでバッチリ！実習前の下準備

フルーツカードの作り方
材料 画用紙、洗濯ばさみ

1. 画用紙をハガキくらいのサイズに切る。（角を丸く切る）
2. フルーツの絵を描く。
3. 洗濯ばさみを付ける。（両面テープで留める）

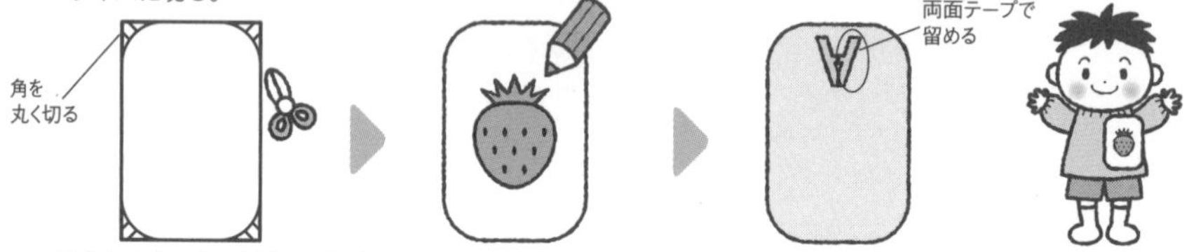

＊首からひもでカードを下げると、転んだときや物にひっかかったときにけがをする場合があります。

準備する物

- いす 人数分
- フルーツカード
  子どもの人数より多く用意する。
  （1種類につき、5枚以上用意する）

ルール

1. 鬼も、鬼以外の子どもも、各々フルーツカードを1枚ずつ付ける。
2. 鬼を囲むように、円形にいすを並べて座る。
3. 鬼がフルーツの名前を言う。言われたフルーツカードを付けた子どもは立ち上がり、空いている別の席に移動して座る。
   （例：鬼が「いちご」と言ったら、いちごのカードを付けた子が移動する）
4. 鬼はフルーツ役の子どもが移動している間に、空いているいすに座る。鬼がいすに座ったときは、座れなかった子が鬼役と交代し、鬼になる。
5. 鬼が「フルーツバスケット」と言ったら、全員が立ち上がり、別の席に移動する。

活動の流れとポイント

第3章 部分実習 5歳児

1 保育者の声かけで、いすを持って円形に並べて座る。

保育者
子どもたちに、いすを取りに行き、円く並べて座るよう声かけし、円形になるように援助する。全員がそろうまで、手あそびをして、集中力を高める。

いすの並べ方
1. いすが倒れにくいよう、向きを考えておき、子どもたちに置き方を指導します。手あそびで集中力を高めます。
2. 円形に置けたら、円の内側を向いて座るよう、声かけします。

2 フルーツカードを見て、好きなフルーツのカードを選ぶ。

保育者
全種類のフルーツカードを子どもたちに見せて、好きなフルーツのカードを1人1枚選んでもらい、1人ずつ渡していく。

カード選び
1. カードは子どもの人数より多く用意しておきます。
2. フルーツ1種類につき、5人以上いるようにします。やりたいフルーツが偏った場合は、何度かあそびをすることを伝え、譲り合うよう促します。
3. 何度か遊べるように、十分時間を取っておきます。

3 ルールの説明を聞き、何度か練習しながらルールを理解する。

保育者
ルールを説明し、動きを指導する。練習中は、全員分のいすがある状態で、空いている席を見つけて移動する練習をしていく。

ルールの伝え方
1. 「いちごの人!」などとフルーツの名前を呼び、手を挙げてもらい、自分がなんのフルーツなのか覚えるようにします。
2. 覚えたら、フルーツ名を呼び、立ってもらって、自分の座っていたいすとは違ういすに座るよう指示します。
3. 2 をフルーツ全種類で繰り返します。
4. 「フルーツバスケット」と言われたら、全員が移動するということを実際に行います。

4 フルーツバスケットで遊ぶ。

保育者
いすを1脚減らし、フルーツバスケットで遊び始める。最初は保育者が鬼になり、子どもたちといっしょに遊ぶ。必要に応じて援助していく。

スムーズにあそびを展開しよう

1. 遊びはじめは、保育者自身が鬼になって進行します。
2. 子どもたちが慣れてきたら、鬼を交代。保育者はフルーツ役になっていっしょに遊びます。
3. 鬼になった子が、なにを言っていいか分からないときには、いっしょに考え援助します。
4. あそびが充実してきたら、カードを交換して何度か遊びます。

5 感想を積極的にことばにし、次の活動を楽しみにしながらいすを片づける。

保育者
全員が十分に楽しんだことを確認して、活動の終わりを伝える。感想をことばにするよう促し、いすを片づけるよう声かけする。

ちょっとがんばる +α

フルーツカード作り

時間があれば、子どもたちが自分でカードを作って遊ぶと楽しいです。

遊び方（保育者）

ハガキサイズに切った画用紙を人数分用意する。
↓
子どもたちに、好きなフルーツの絵を描くよう声かけする。フルーツは旬の物3〜4種類にしぼる。

動きを制限

移動するときに、「ケンケンで」「両足跳びで」など声をかけ、動きを少し制限すると、スリリングに！

鬼の考えたお題で（おおあらし）

鬼がお題を考える
↓
例：鬼が「朝ご飯にパンを食べた人！」と言ったら、朝食にパンを食べた子が移動する。

動物の名前にチェンジ（動物園）

フルーツバスケットのフルーツを動物に変更。
↓
鬼が動物名を言う所を、動物の鳴き声にしても、5歳児は楽しめる。
↓
鬼が「動物園」と言ったら、全員が移動する。

指導案

大学　実習生氏名（　　　　　　　）

第3章　部分実習　5歳児

2月 7日（水）		5歳児　ぶどう組		
子どもの姿	○卒園、就学に向けて、友達と過ごすことを大切にし、仲間関係を深めている。 ○生活発表会や卒園記念など共同で作り出すあそびや生活を楽しんでいる。			
ねらい	○ルールを理解し、友達といっしょに楽しむ。 ○ことばを聞いて動き、目で空間をとらえ空いている席にすばやく座る。 ○鬼になり、あそびを進行することを楽しむ。	在籍児	男児	10名
内　容	○いすを並べる。 ○フルーツバスケットをする。		女児	11名

時間	環境構成	予想される子どもの活動	保育者の援助及び配慮
10:00	（ピアノ・円形に並ぶいすの配置図　実習生・担任・子ども） 準備する物 ○いす　人数分 ○フルーツカード　子どもの人数より多く用意する	○トイレ、手洗いをする。 ○いすを持ってきて円く座る。 ○手あそび「くだもの」をする。 ○フルーツカードを選び、服に付ける。 ○ルールの説明を聞く。 ○フルーツ名を聞き、手を挙げる。ときどき間違える子もいる。 ○練習する。	○次の活動を伝え、トイレに行きたい子は行っておくように声をかける。 ○いすを持ってきて円く並べるように伝える。 ○円くなるように少し置き方の援助をする。 ○体を動かすので、子どもの体調を表情や状態から確認する。 ○楽しい雰囲気を作り、手あそびをしてみんなを待つ。 ○全員集まったら、カードを見せながらなんのフルーツがあるかを子どもといっしょに確認する。 ○好きなフルーツを選んでもらうが、たくさんないことを伝え、何回かするので、譲り合ってほしいことも伝える。 「いちごがいい人？」と手を挙げてもらい、保育者が渡す。 ○カードの洗濯ばさみで胸のあたりの服を挟むよう伝え、挟んだことを確認。保育者もカードを付ける。 ○ルールを説明する。 ○フルーツ名を言い、そのフルーツカードを付けた子どもにその場で挙手してもらい、自分のフルーツを覚えられるようにする。 ○保育者がフルーツを指定する形で、何度か別のいすに移動する練習をする。ここでは、鬼役を設けずに練習する。全員が一度に移動する「フルーツバスケット」もする。
10:05			
10:20		○遊び始める。 ○鬼になった子はフルーツ名を考えて言う。	○いすを1脚外して、遊び始める。最初は保育者が鬼役をする。 ○鬼になった子でフルーツ名が出てこない子がいたら、カードを見るように促したり、いっしょに考え援助する。
10:40		○カードを交換してもう一度遊び始める。	○あそびが発展し、十分遊べたら、カードを交換してもう一度遊ぶことを提案する。 ○カードが交換できたか聞き、子どもたちが納得していたら、あそびを再開する。
10:50		○保育者の話を聞く。遊んだ感想を言う。 ○カードを保育者に渡す。 ○いすを片づける。	○何度か遊び、全員が十分に楽しんだことを確認したら、きょうのあそびは終わることを伝える。 ○遊んで楽しかったことや、思ったことを受け止め、満足感が味わえるようにする。 ○「また、今度しようね」と次につなげて終わる。
反省			

部分実習　5歳児

科学あそび
シャボン玉あそび

市販の台所用洗剤を使うことで、短い時間で作ることができます。シャボン玉液を自分たちで作って達成感を膨らませ、楽しく遊びましょう。

ねらい
- グループで協力して分量を量り、作業を進める。
- シャボン玉がなにで作られているかを知る。
- シャボン玉を飛ばして遊ぶ。

遊び方

はじまり
保育者の声かけで、保育者の近くに集まり、座る。
→ 材料・器具に関する説明を聞く。
→ シャボン玉液の作り方の説明を聞く。

あそび
グループに分かれて材料を計量し、シャボン玉液を作る。
→ 園庭に移動し、シャボン玉を作って遊ぶ。

おわり
感想を積極的にことばにする。

これでバッチリ！実習前の下準備

準備する物
- 水　　台所用液体洗剤
- PVA配合洗濯のり
- ガムシロップ　　グリセリン
- 計量カップ　5〜6個（500mlが量れる物）
- バケツ　2個
- プラスチックの製おたま　2個
- ストロー　人数分
- 骨だけのうちわ　　針金ハンガー
- カップ　人数分　　包帯
- 針金ハンガーがつかる程度のたらいかトレイ
- 金魚すくいのポイ（紙がない物）
- テーブル　2台
- シャボン玉液のレシピ

事前に作っておく物
材料　ストロー、針金ハンガー、包帯、模造紙

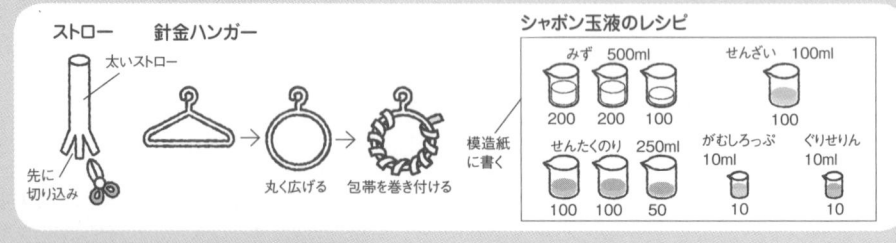

ストロー：太いストロー／先に切り込み
針金ハンガー：丸く広げる → 包帯を巻き付ける

シャボン玉液のレシピ（模造紙に書く）
- みず　500ml（200＋200＋100）
- せんざい　100ml（100）
- せんたくのり　250ml（100＋100＋50）
- がむしろっぷ　10ml
- ぐりせりん　10ml

シャボン玉液の作り方
分量　水500ml、台所用液体洗剤100ml、洗濯のり250ml、ガムシロップ10ml、グリセリン10ml

1. 右記の分量を量る。
2. ①を混ぜる。

園庭の事前準備
園庭の端に、人数分のカップ、人数分のストロー、たらい、針金ハンガー、うちわ、金魚すくいのポイなどを置いておく。

Point!
★ シャボン玉液や洗剤などを飲み込んだり、目に入れたりしないよう、注意が必要です。
★ 洗剤同士は混ぜないこと。
★ シャボン玉液を作るときには、手や道具をきれいに洗っておきます。
★ シャボン玉液や洗剤が手に付いたときには、よく洗いましょう。
★ 当日が強風や雨だった場合にそなえて、代案を考えておきましょう。

活動の流れとポイント

第3章 部分実習 5歳児

1 保育者の声かけで、2つのグループに分かれて座る。

保育者
園庭での準備を済ませ、保育室に戻る。2つのグループに分かれて座るよう声をかける。全員がそろうまで、シャボン玉あそびをしたことがあるかなど会話を楽しんだり、手あそびをしたりして集中力を高める。

グループの分け方
★ 日頃の園生活のグループに分かれられるよう、担任の先生にグループ名などを確認しておきましょう。

2 保育者の問いかけに答え、シャボン玉液の作り方の説明を静かに聞く。

「シャボン玉はなにでできてる？」

保育者
シャボン玉液がなにからできているか問いかけ、気持ちを引き付けた上で、シャボン玉液のレシピを貼り出し、作り方を説明する。

気持ちを引き付ける作り方の説明
1. シャボン玉液がなにでできているか、子どもたちに問いかけます。
2. 子どもの答えが合っている場合は、感心して受け止め、考えが出なくなったら、足りない物を伝えます。
3. シャボン玉液のレシピを貼ります。
4. 使う道具と材料を説明し、レシピと照らし合わせながら確認していきます。

3 材料を置く机から材料を持ってくる。レシピを見ながら、友達と協力して分量を量り、バケツに入れていく。

保育者
材料を持ってくるよう声をかける。分量を量るときには、友達と順番でするように伝え、1人1回は計量できているか、間違った分量にしていないか見守る。

計量のやり方
1. 計量カップを使うときには、200mlか100mlで何回かに分けて量ります。
   たとえば、水800mlを量るときには、200mlを4回、全部で4人の子どもにやってもらいます。
2. 人数が多い場合は、全体の分量を増やします。
3. 何回も同じ分量を量ることで、子どもたち自身も理解でき、楽しめます。

101

4 すべての材料を量り終えたら、おたまでかき混ぜる。
シャボン玉あそびを楽しみにしながら園庭に移動する。

保育者
材料が入ったバケツをおたまでかき混ぜるよう指示する。子どもたちに園庭へ移動するよう促す。保育者はシャボン玉液が入ったバケツを持って園庭へ移動する。

5 カップに取り分けたシャボン玉液を受け取り、シャボン玉を飛ばす。
ストローや針金ハンガーなどで、変化を楽しむ。

保育者
園庭で、カップとストローを1人1つずつ取るよう伝え、シャボン玉液を取り分ける。いっしょにシャボン玉あそびをする。針金ハンガーを取り出し、大きなシャボン玉を作って見せる。

シャボン玉作り

1. 最初はストローにシャボン玉液を付け、色・大きさなどの変化や、たくさん吹けることを楽しみます。
2. 全員が楽しんだら、たらいに残りのシャボン玉液を入れ、針金ハンガーなど、大きな輪の物に液を付けてそっと動かし、大きなシャボン玉を作って遊びます。
3. 微妙な力加減のコツをつかんで楽しめるよう、十分な時間を取りましょう。
4. 輪はたくさん用意しましょう。
5. 自分の指でも輪ができるので、発展させてもおもしろいです。

6 感想を積極的にことばにする。

保育者
子どもたち全員が十分に楽しんだことを確認し、活動の終わりを伝え、感じたことをことばにするよう促す。

ちょっとがんばる+α

造形あそびにつなげよう
クレヨンや色鉛筆、ハンドペインティングなどでシャボン玉の絵を描いても楽しいです。

遊び方
シャボン玉を作ったときのことを話す。
↓
そのときのシャボン玉を思い出して、絵を描く。

活動の後で
交流を深めよう

「虹色だった」
「そっとやったら上手にできた」

太陽の光があたって、さまざまな色になったシャボン玉のことや、どこが楽しかったか、難しかったか、うまくいったやり方などみんなで話をし、交流しましょう。

指導案

大学　実習生氏名（　　　　　　　）

6月 15日（火）			5歳児　ぶどう組
子どもの姿	◎自分たちの生活の見通しもしっかり分かり、安定した生活を送る。 ◎室内あそびや泥んこあそび、泥だんご作りに夢中になって遊ぶ。		
ねらい	◎友達と協力して、材料の分量を量り、作業を進める。 ◎シャボン玉液がなにで作られているかを知る。 ◎シャボン玉を飛ばして遊ぶ。	在籍児 男児	6名
内容	◎シャボン玉液を作る。 ◎シャボン玉を飛ばして遊ぶ。	在籍児 女児	6名

時間	環境構成	予想される子どもの活動	保育者の援助及び配慮
9:55 10:00 10:10 10:30 10:45 11:05	＜保育室＞ 材料を置く机 実習生○ 　　　子ども ○○　○○ テーブル　テーブル ○○　○○ 　　○ 　担任 ＜園庭＞ ベンチ 　　実習生 　○　○ ○　○　○ 　○　○ ○　○ 　　　子ども 　○ 　担任 園庭の端のベンチなどの上に、バケツを置く。たらいを置く場合は、ベンチを園庭の中央へ移動させる。	○トイレ、手洗いをする。 ○保育者の近くに集まる。 ○手あそび「あめ」をする。 ○グループに分かれて座る。 ○保育者の問いかけに、考えたことを口ぐちに言う。 ○保育者の説明を聞き、実際の物を見る。 ○作り方の手順や分量が書いてあるレシピを見る。 ○レシピを見ながら分量を友達と協力して量る。 ○量った材料はバケツに入れる。 ○すべて入れたらおたまで混ぜる。 ○靴をはいて園庭へ出る。 ○カップとストローを取り、液をカップに入れてもらう。 ○シャボン玉を飛ばして遊ぶ。 ○保育者の近くに集まり、説明を聞き、見る。 ○針金ハンガーを取り、遊んでみる。 ○カップ、ストロー、針金ハンガーをたらいの中に入れる。 ○感想を積極的にことばにする。 ○手を洗う。	○園庭の端に人数分のカップ、人数分のストロー、たらい、針金ハンガーなどを置いておく。 ○子どもたちに次の活動を伝え、トイレに行きたい子は行っておくように声をかける。 ○全員が集まるまで手あそびをして待つ。 ○2つのグループに分かれて座るよう促す。 ○シャボン玉がなにで作られているか子どもたちに問いかけ、考えてもらう。子どもたちが答えた物が合っている場合は、「あたり！！」「すごいね」「よく分かったね」など、感心して受け止める。考えが出なくなったら、足りなかった物を実際の物を見せて伝える。 ○レシピを壁に貼り、使う道具と材料、分量の量り方、シャボン玉液の作り方を説明する。 ○材料の分量をレシピと照らし合わせながら確認する。 ○分量を量るのは、友達と順番でするように伝える。1人1回は必ずできることも伝える。 ○分量を間違えていないか、1人1回ずつ量れているかを見守り、できない所は援助する。 ○2つのグループが量り終えたら園庭に行きシャボン玉を飛ばしてみることを伝える。 ○バケツを2つ持って園庭へ行く。 ○カップとストローを1人1つずつ取るように指示し、カップにシャボン玉液を入れていく。 ○いっしょにシャボン玉を飛ばして遊ぶ。色や形、大きさなどの変化に共感し楽しさを膨らませる。 ○全員が飛ばせているのを確認したら、子どもたちに声かけして集まるように伝える。 ○大きなたらいと針金ハンガーを見せて、保育者が一度シャボン玉を作って見せ、子どもたちにもやってみるよう促す。 ○全員が十分に楽しんだことを確認したら、きょうのあそびは終わることを伝える。 ○楽しかったことや、思ったことを受け止め、満足感が味わえるようにし、「また、今度しようね」と次につなげて終わる。 ○手を洗うよう声かけする。 ○使った道具を片づける。
反省			

責任実習 3歳児 幼稚園

身体あそび
カードでポン！

幼稚園の責任実習の指導案を見ていきましょう。中心となる活動では、カードをめくって、出てきた絵柄の動物のまねっこをして遊びます。保育者が子どもたちといっしょに楽しんで遊ぶことで、子どもたちも安心して遊べます。

指導案

大学　実習生氏名（　　　　　）

6月　20日（水）　　　3歳児　りんご組

子どもの姿	◎園生活にも慣れ、気持ちが安定し、身の周りのことを自分でやりたい気持ちが芽生えてくる。好奇心をもち、これをやりたい、こうしてみたい、という気持ちが膨らみ、それを保育者に求める姿が見られるようになる。梅雨時期でアウトドアに出られないことが多くなり、体を十分に動かせないことから、情緒が不安定になることもある。
ねらい	◎喜んで体を動かして遊ぶ。 ◎自分から好きなあそびを見つけて遊ぶことを楽しむ。
主な活動	◎歩いたり、走ったり、ジャンプしたりする。動物のまねをして遊ぶ。 ◎遊ぶ中で約束事を知り、園庭や室内で遊ぶ。

在籍児　男児 9名　女児 7名

時間	環境構成	予想される子どもの活動	保育者の援助及び配慮
8:30	○保育室の準備をする。 ・窓を開けて換気をし、棚や机を拭く。 ・花や飼育物の水を変える。 ○シール、お帳面、タオルとコップ掛け、帽子 ［ピアノ／絵本／ままごと／棚／ブロック／コップ／タオル／棚／お帳面］ ○保育室で遊ぶ。 ・ブロック、ままごと、絵本、人形、じゅうたん、たたみなど	○順次、登園する。 ・保育者にあいさつをする。 ○朝の用意をする。 ・お帳面にシールを貼る。 ・タオル、コップ、帽子、カバンを自分のマークの所に片づける。 ・手洗い、うがい、消毒をする。 ○自由あそび。 ・好きなあそびを見つけて遊ぶ。	○子どもたちが気持ちよく保育室で過ごせるように環境を整える。 ○一人ひとりにあいさつをし、健康状態を見る。 ○保護者に家での様子を聞き、1日気をつけて見る。 ○子どもが不安で泣いていたら安心するように気持ちを受け止める。 ○自分でしようとする気持ちを大切にして様子を見て手伝う。 ○一人ひとりマークが合っているか確認をする。 ○忘れていることがあれば声をかけ、気付くようにする。 ○病気の予防のために手洗い、うがいをしっかりとするように声をかける。 ○子どもたちが落ち着いて遊べるようにコーナーに分け、けがのないように気をつけて見る。
9:45	○ピアノ、楽譜	○片づけをする。 ○朝の集い。 ・歌「かえるのうた」。 ・歌「はをみがきましょう」。 ・きょうの日付を知る。 ・きょうのお当番にお願いをする。	○子どもたちが進んでできるように、保育者もいっしょに片づけをし、声をかけ励ます。 ○いすを並べて子どもが自分の場所で、落ち着けるように配慮をする。 ○歌をうたい、楽しい雰囲気を作る。 ○子どもたちの表情を見て機嫌を見る。 ○前に人が立っているときは静かに話を聞くように声をかける。
10:05	○コップ、タオル、消毒液	○トイレ、手洗い、うがいをする。 ・消毒をする。	○トイレや手洗いは場が混雑しないようにグループごとに分けて行く。 ○順番を守る大切さや手の洗い方を一人ひとりにどのようにしたらよいか伝える。

■ 中心となる活動（p107参照）

時間	環境構成	予想される子どもの活動	保育者の援助及び配慮
	○絵本 ○お茶、コップ	○絵本を見る。 ○お茶を飲む。	○うがいが終わったら、落ち着いて絵本を見るように声をかける。 ○水分補給をするように促し、熱中症などを防ぐ。 ○遊ぶスペースを広く取れるようにいすを壁に寄せて座る。
10:35	○絵本『たまごのあかちゃん』 ○絵カード（ひよこ、かめ、へび、ペンギン、恐竜、わに） ○子ども用のいす　1脚 （配置図：ピアノ、絵本、棚、実習生、子ども、担任）	○身体あそび「カードでポン！」。 ・手あそび「むすんでひらいて」。 ・絵本『たまごのあかちゃん』を見る。 ・絵本に出てきた赤ちゃんについて話を聞く。 ・1グループずつ前に出る。 ・1人ずつ自分の名前を言う。 ・保育者がカードを引くとき「カードでポン！」と言う。 ・引いたカードのひよこ、かめ、へび、ペンギン、恐竜、わにのまねをして歩く。 ・グループを変えて、繰り返し遊ぶ。 ・全員で遊ぶ。	○絵本が見やすいよう、保育者の近くに集まるように声をかける。 ○気持ちが集中できるように手あそびをする。 ○子どもたちの様子を見ながら、読む速さやタイミングに気をつけて、絵本の読み聞かせをする。 ○絵カードを見せながら、出てきた動物について話をして、期待がもてるようにする。 ○ゲームの内容が分かりやすいように、保育者が実際にしながら説明をする。 ○同じクラスの友達を知り、名前を覚えていけるように促す。 ○名前を言えたときはほめて自信をもてるようにする。 ○カードを引くときのかけ声や、終わった後に拍手をして、自分の番以外でも参加できるように促す。 ○保育者もいっしょに遊び、安心して遊べるよう進める。 ○子どもたちの遊ぶ姿を見て、ほめたり気持ちを受け止めたりして、やる気がもてるようにする。 ○時間があれば全員で遊び、友達といっしょに遊ぶ楽しさを味わえるようにする。
11:05	（配置図：ピアノ、絵本、棚、実習生、机、担任）	○給食の用意をする。 ・トイレ、手洗い、うがいをする。 ・敷物、スプーン、フォーク、コップを用意する。 ・給食をもらう。 ・消毒をする。	○子どもがすぐに用意できるように周りに気をつけながら机を並べ、消毒をして清潔にする。 ○食事中に行かなくていいように、トイレに行くよう声をかける。 ○用意ができているか確認し、忘れていたら気付くように声をかける。 ○手を消毒したら食べるまでになにも触らないように声をかける。
11:20	○机、いす、台拭き、消毒 ○コップ、タオル、スプーン、フォーク、お茶、敷物 ○コップ、タオル	○いただきます。 ・友達といっしょに食べる。 ○ごちそうさま。 ・うがいをする。 ・スプーン、フォーク、敷物を鞄に片づける。	○こぼさないようにおなかを机に寄せて座るよう声をかける。 ○好き嫌いなくがんばって食べるように励まし、食べられたときはほめ、気持ちを受け止める。 ○虫歯にならないようにうがいをするよう促す。
	○絵本、いす、ブロック、積み木	○絵本を見る。 ○保育室内でブロック、積み木などで遊ぶ。	○食べた後すぐに動くとおなかが痛くなるので、落ち着いて絵本を見るよう促す。 ○集中して食べられるように、遊ぶ場所と食べる場所を分ける。
	○園庭で遊ぶ。 ・靴、帽子 ・虫を入れるカップ、砂場、固定遊具、ボール、フープなど	○園庭で自由あそび。 ・好きな遊びを見つけて遊ぶ。 ・保育者や友達といっしょに虫探し、砂場、鬼ごっこなどをして遊ぶ。	○部屋の片づけができたか確認をして、日射病にならないように帽子をかぶるよう声をかける。 ○保育者もいっしょに遊びながらも子どもたちの安全に気をつける。 ○子どもの興味に共感し、あそびが広がるようにかかわる。
13:35		○片づけをする。	○片づけられていない子どもには気持ちを受け止め、次になにをするのか見通しがもてるようにして自分でする気持ちを大切にする。

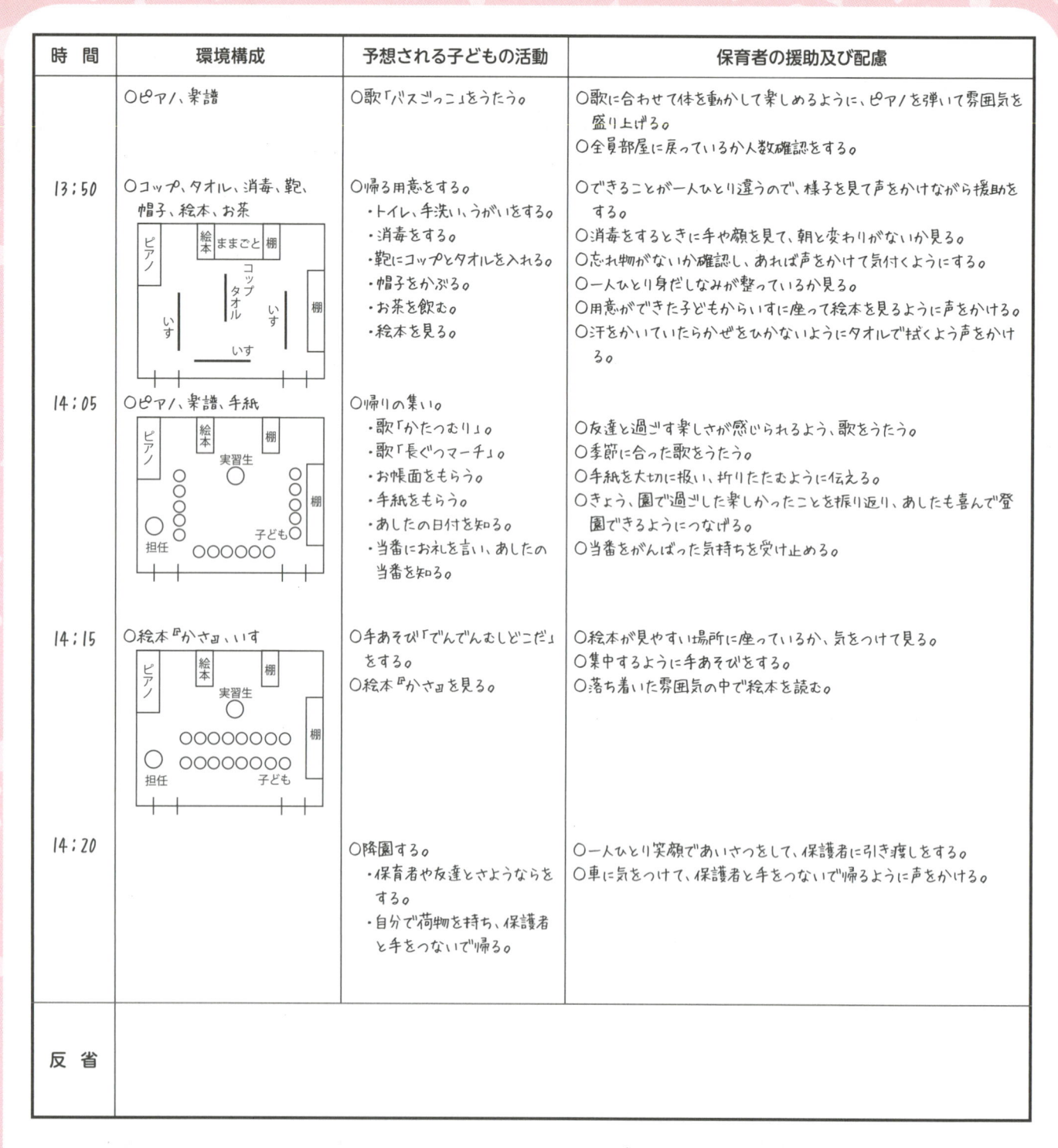

時　間	環境構成	予想される子どもの活動	保育者の援助及び配慮
	○ピアノ、楽譜	○歌「バスごっこ」をうたう。	○歌に合わせて体を動かして楽しめるように、ピアノを弾いて雰囲気を盛り上げる。 ○全員部屋に戻っているか人数確認をする。
13:50	○コップ、タオル、消毒、鞄、帽子、絵本、お茶 （配置図：ピアノ、絵本、ままごと、棚、コップ・タオル、いす）	○帰る用意をする。 ・トイレ、手洗い、うがいをする。 ・消毒をする。 ・鞄にコップとタオルを入れる。 ・帽子をかぶる。 ・お茶を飲む。 ・絵本を見る。	○できることが一人ひとり違うので、様子を見て声をかけながら援助をする。 ○消毒をするときに手や顔を見て、朝と変わりがないか見る。 ○忘れ物がないか確認し、あれば声をかけて気付くようにする。 ○一人ひとり身だしなみが整っているか見る。 ○用意ができた子どもからいすに座って絵本を見るように声をかける。 ○汗をかいていたらかぜをひかないようにタオルで拭くよう声をかける。
14:05	○ピアノ、楽譜、手紙 （配置図：ピアノ、絵本、棚、実習生、担任、子ども）	○帰りの集い。 ・歌「かたつむり」。 ・歌「長ぐつマーチ」。 ・お帳面をもらう。 ・手紙をもらう。 ・あしたの日付を知る。 ・当番におれを言い、あしたの当番を知る。	○友達と過ごす楽しさが感じられるよう、歌をうたう。 ○季節に合った歌をうたう。 ○手紙を大切に扱い、折りたたむように伝える。 ○きょう、園で過ごした楽しかったことを振り返り、あしたも喜んで登園できるようにつなげる。 ○当番をがんばった気持ちを受け止める。
14:15	○絵本『かさ』、いす （配置図：ピアノ、絵本、棚、実習生、担任、子ども）	○手あそび「でんでんむしどこだ」をする。 ○絵本『かさ』を見る。	○絵本が見やすい場所に座っているか、気をつけて見る。 ○集中するように手あそびをする。 ○落ち着いた雰囲気の中で絵本を読む。
14:20		○降園する。 ・保育者や友達とさようならをする。 ・自分で荷物を持ち、保護者と手をつないで帰る。	○一人ひとり笑顔であいさつをして、保護者に引き渡しをする。 ○車に気をつけて、保護者と手をつないで帰るように声をかける。
反　省			

ひよこ　　かめ　　へび　　ペンギン　　恐竜　　わに

中心となる活動の流れとポイント

第3章 責任実習 3歳児

実習前の下準備

中心となる活動
カードでポン！

準備する物
- 絵本『たまごのあかちゃん』
  文：神沢 利子／絵：柳生 弦一郎
  （福音館書店）
- 子ども用のいす　1脚
- ピアノ
- 絵カード（ひよこ、かめ、へび、ペンギン、恐竜、わに）
  ・四つ切りの画用紙を4分の1サイズに切り、絵を描く

ルール
1. 「カードでポン！」と言いながら、絵カードを1枚めくる。（「ポン！」のときに全員で手をたたく）
2. 出てきた絵柄の動物のまねをして歩く。
3. 子どもたちが慣れてきたら、保育者がピアノを弾き、子どもたちはそのリズムに合わせて体を動かすようにしてもよい。
4. 曲が止まったら止まる、曲がスタートしたら進む。友達同士、動いているときに鳴き声であいさつするなど、あそびを展開しても楽しい。

1　保育者の声かけで保育者の前に座り、絵本の読み聞かせを聞く。

保育者
子どもたちに、それぞれ見やすい場所を選んで座るよう、声かけをし、絵本を読み聞かせする。絵本に登場した動物について振り返り、期待感がもてるようにする。

2　保育者が動物の動きをまねる姿を見て、あそびのルールを知る。

保育者
子どもたちが動きやすいよう、スペースを作る。あそびのルールを説明し、1枚ずつ絵カードをめくり、言葉で動きのポイントを伝えながら、動物の動きをひと通り行う。

動きの例
- ひよこ…しゃがんで両手を後ろに伸ばし、手を羽に見立てて、よちよちと歩く。
- かめ…両手と両足を使って、のっしのっしとゆっくり歩く。膝はつかない。
- へび…床に寝転び両腕と両足を一直線に伸ばし、体全体をくねくねと動かす。
- ペンギン…かかと立ちをして腕を体の横にくっつけて羽に見立て、テクテクと歩く。
- 恐竜…手はおおかみのようにつめを立て、大股でドシン、ドシンと歩く。
- わに…床にうつ伏せになり、両手のみを使ってのそのそと前進する。上半身が上がった状態。

3　グループごとに前に出て、自分の名前を言ってから遊ぶ。見ているときは、「カードでポン！」とかけ声を出す。

保育者
子どもたちがみんなに注目される中、自信をもって発言する場を作り、恥ずかしがる子どもには声をかけて援助をする。歩くテンポに合わせて声かけをして盛り上げる。

あそびの意図
1. 少人数のグループで順番にすることで、説明が分からなかった子どもも、友達が遊んでいる姿を見て理解することができます。
2. 見ている子どもは友達の名前と顔を確認して、クラスの友達を受け入れていく場になります。
3. 入園してまだ3か月。人前で話す機会が少ないため、あそびの中で自分の名前を言う機会を取り入れ、友達の前で言うことで自信につなげます。

責任実習 5歳児 保育園

プールあそび
ビー玉探し

保育園の実習で特に大切になる養護の観点に注意しながら、責任実習の指導案を見ていきましょう。中心となる活動は、プールの中で行うビー玉探しです。夏ならではのあそびを、子どもたちといっしょに楽しみましょう。

指導案

大学　実習生氏名（　　　　　　　　）

8月　23日（木）　　5歳児　ぶどう組

子どもの姿	○園外合宿を終え、ひと回り大きくなり、仲間と協力して生活を送る。 ○プールあそびを大胆に楽しむ。		
ねらい	○説明をよく聞いてプールの中で行うゲームを楽しむ。 ○プールあそびの中で心も体も解放し遊ぶ。	在籍児 男児	6名
主な活動	○ビー玉探しあそび。プールに潜ってビー玉を拾う。	在籍児 女児	6名

時間	環境構成	予想される子どもの活動	保育者の援助及び配慮
8:00	＜プレイルーム＞ [4歳児 座るいす／5歳児 座るいす／3歳児 座るいす／ピアノ]	○順次登園。 ○朝のしたくをする。 ○所定の場所で好きなあそびをする。 ○片づけをする。 ○お茶を飲む。 ○排泄を済ませ、いすの準備をする。	○子どもたちや保護者にあいさつをする。 ○子どもたちの健康状態やきのうとの変化を確認する。 ○子どもたちと楽しく遊ぶ。 ○片づけることを声かけし、いっしょに片づけ、所定の場所に片づけられたか最後に確認する。 ○お茶の用意をする。 ○トイレに行くように声かけし、手洗い・手拭きができているか見守る。 ○いすを運ぶときに危険がないか見守る。
9:10	＜保育室＞ 実習生○ ○○○○ 子ども ○○○○○ ○ 担任	○リズムあそびをする。 ○歌をうたう。 ○いすを片づけ、保育室に移動する。 ○保育者の近くに座る。 ○手あそびをする。	○子どもたちといっしょにリズムあそびを楽しむ。 ○歌をうたう。子どもたちが歌詞を覚えきれていないときは、リードして歌詞を失わないようにする。 ○いすを片づけるため、運ぶときは危険がないか見守る。 ○保育室に移動する。 ○全員がそろうまで、手あそびをしたり、朝のできごとやきのうのことなどを聞き出したりして会話を楽しむ。
10:00		○元気に朝のあいさつをする。 ○手あそびをする。 ・海の生き物をイメージし、発言して参加しながら手あそびを楽しむ。	○朝のあいさつをする。 ○手あそび「水中めがね」をする。 ○子どもたちが発言した生き物名を取り入れながら、手あそびを進める。
	準備する物 ○絵本『わんぱくだんのかいていたんけん』	○読んでもらうことを楽しみにしながら、絵本の表紙の絵やタイトルに関心をもっている。 ○絵本の世界を楽しんでいる。	○絵本を読む。 ・次の活動につなげられるように、また、ファンタジー・水あそびを楽しめるように引き込みながら読む。 ○読んだ後は、「保育園のプールが絵本のようなプールだったらいいな」と楽しみをつなげながら次の活動へ移る。

check!

■ 中心となる活動（p111参照）

時間	環境構成	予想される子どもの活動	保育者の援助及び配慮
10:45	＜プール＞ （図：子ども、実習生、担任の配置） 準備する物 ○ビー玉（色とりどりに） ○コップ（人数分。透明の物が望ましい。ビー玉が20個ぐらい入る大きさの物） ○笛 ○バケツ　2個	○トイレに行き、水着に着替える。 ○準備体操をする。 ○せっけんでおしりを洗い、シャワーをあびる。 ○プールに入ってヘリに座る。 ○ビー玉の色を口ぐちに言う。 ○保育者の説明を聞く。 ○コップをもらい、ビー玉探しを楽しむ。 ○ビー玉の数を数える。 ○何度も楽しむ。 ○コツが分かってきて、潜る時間が延びてくる。 ○コップを保育者に渡し、ビー玉を拾ってバケツに入れる。 ○自由に泳いだり、飛び込んだりして遊ぶ。 ○プールからあがり水着を脱いで干す。 ○シャワーをしてもらい、タオルで体を拭き、着替える。 ○水着とタオルを干す。	○必ずトイレに行ってから着替えるように声をかける。check! ○子どもたちの体調を見て、健康状態を確認する。 ○準備体操をする。 ○子どもたちのおしりを洗い、シャワーをする。check! ○水着が濡れて着にくいときは援助する。 ○プールに入ったら、ヘリに座って待つように声をかける。 ○「これを知っていますか？」とビー玉を見せる。 ○ビー玉と分かれば、なに色があるか子どもたちといっしょに楽しみながら確認する。 ○ビー玉探しのルールを説明する。 　ビー玉は必ず潜って取ること、笛の合図で始めて笛の合図で終わること、取ったビー玉はコップに入れること、取った数の多い人が勝ちということを順繁に伝える。 ○ビー玉をプールの中に落とし広げる。 ○コップを子どもたちに配る。 ○「じゃあ、始めるよ。○○色！！」と子どもたちに投げかけ、準備ができているか確認し、笛を吹く。 ○潜って拾っているときにぶつかったり、溺れそうになっていないか安全に気を配り、見守る。 ○笛を吹き、プールのヘリに寄って座ることを伝える。 ○ビー玉を数えることを伝える。 ○自分で数えられない子はいっしょに数える。 ○数が一番多かった子をみんなに伝え、拍手して称える。 ○色を変えて何度か楽しむ。 ○4〜5回楽しんだら、ビー玉をバケツに入れるように伝え、コップとビー玉を回収する。 ○「あと少し自由に遊んでいいよ」と15分程自由に遊べる時間を作る。 ○安全に配慮しながらいっしょに遊ぶ。 ○時間になったのでプールからあがるように伝える。check! ○水着をバケツに入れるように伝え、1人ずつシャワーをする。頭や首、背中などを拭けているか見守る。できていないときは伝えて自分で拭いていくように促す。 ○水着とタオルを干せるたこ足の物干しを準備する。
11:40	＜保育室＞ （図：子ども、実習生、担任の配置）	○うがいをし、お茶を飲む。	○うがい用の緑茶と、飲む用のお茶を用意する。check! ○のどがかわいている子どもにはおかわりをしてもいいことを伝え、水分補給を十分に行うようにする。 ○机の上を拭き、コップを片づける。check!
11:45	＜食堂＞ （図：3歳児、4歳児、5歳児、配膳台2つの配置）	○食事当番は、当番活動をする。 ○当番でない子は、保育室で遊んで待つ。	○食事の準備に行くことを伝え、きょうの当番のグループを子どもたちといっしょに確認する。 ○保育室で待つ子どもたちのおもちゃを準備する。 ○食事当番の配膳台を準備し、見守る。check!
12:00		○当番が号令をかけ、いただきますをする。 ○楽しく食事をする。 ○食べ終わったら、食器を片づけ、歯磨きをする。	○食卓が整っているか、確認する。check! ○姿勢、食具の正しい使い方、会話などに気を配り、楽しい食卓作りを子どもたちといっしょに行う。 ○台拭きや雑巾で、机の上、床をきれいにする。

時　間	環境構成	予想される子どもの活動	保育者の援助及び配慮
13:00	<保育室> ○実習生　○担任 〇〇〇〇〇 □□□□□ 〇〇〇〇〇 □□□□□ 　子ども 準備する物 ○絵本『つんつくせんせいととんがりぼうし』	○午睡の準備・布団を敷く。 ○パジャマに着替える。 ○絵本を見る。 ○排泄をする。 ○午睡。	○押入れから布団を出し、子どもたちが運びやすくする。 ○絵本を読む。 check! ○入眠前なので、トーンを落とし、ゆっくり読むように心がける。気持ちよく入眠できるように傍らについて見守る。 ○カーテンを閉め、クーラーの温度を調整する。 ○室内の電気を消す。 ○日誌の記入。 ○翌日・今週の保育準備、室内装飾作り、トイレ掃除をする。 check! ○異常がないか、時折様子を見る。寝付いた後に室内温度の調節を行う。 ○少しずつ室内の照明を明るくしていく。なかなか目を覚まさない子どもには声かけし、意識をはっきりさせていく。
15:00	<食堂> ○環境設定、食事に同じ。	○起床、着替え。 ○おやつ当番は、当番活動をする。当番でない子は、保育室で遊んで待つ。 ○楽しくおやつを食べる。 ○食べ終わったら、食器を片づけ、歯磨きをする。	○目が覚めた子どもからトイレに行くように促す。 check! ○着替えを見守る。 ○おやつの準備に行くことを伝え、きょうの当番のグループを子どもたちといっしょに確認する。 ○保育室で待つ子どもたちのおもちゃを準備する。 ○おやつ当番の配膳台を準備し、見守る。 check! ○食卓が整っているか、確認する。 ○姿勢、食具の正しい使い方、会話などに気を配り、楽しい食卓作りを子どもたちといっしょに行う。 check! ○台ふきや雑巾で、机の上、床をきれいにする。
17:00 18:00	○3〜5歳児　合同保育 ○延長保育	○降園準備。 ○順次降園。 ○好きなあそびをする。	○忘れ物がないか確認する。 ○必要に応じておもちゃを用意する。 ○連絡事項の引き継ぎを行う。 ○保育室の清掃、翌日の準備を行う。
反省			

5歳児の養護のポイント

保育園の実習では、養護の観点を意識することが大切。ここでは、5歳児を例に、養護のポイントをおさえておきましょう。 check!

食事
- ★ 当番活動をし、盛り付けや配膳、食卓を整える力を付ける。
- ★ 食具を正しく使い、姿勢を正し、マナーを知る。
- ★ 食べられる量を知る。旬・調理形態・食材の働きを知っていく。

衛生
- ★ 戸外から室内へ入ったら、うがい・足浴・手洗いをする習慣を付ける。
- ★ 食前・おやつ前、汚れたらそのつど、手をせっけんで洗うことを意識付け、衛生感覚を養う。
- ★ 就学に向けて、個人持ちのハンカチを使う。

排泄（はいせつ）
- ★ 排尿、排便を感じ、次の活動に備えて生活や活動の節目でトイレに行く。
- ★ 後始末、手洗いを習慣化させ衛生感覚を養う。
- ★ 就学に向けて男児はチャック付きズボンで排尿を行う。

午睡
- ★ 午睡をするのは前期、夏過ぎまでで就学に向けて午睡をなくしていく。
- ★ 夏場は特に夜の睡眠も十分ではなく、水のあそびで体が疲れるので十分午睡する。
- ★ 午睡がなくなってからは、家庭と連携し、週末や個人の差によって配慮しながら進める。

中心となる活動の流れとポイント

第3章 責任実習 5歳児

実習前の下準備

準備する物
- ビー玉(色とりどりに100〜200個)
- コップ　人数分
（ビー玉が20個ほど入る大きさの物。透明な物が望ましい。）
- 笛
- バケツ　2個

ルール
1. プールに潜って、保育者が指定した色のビー玉を探す。
2. 見つけたビー玉はコップに入れる。
3. 1番多くビー玉を集めた子が勝ち。
4. ビー玉は必ず水に潜って拾う。
5. 保育者の笛が鳴ったらスタート。もう1度鳴ったら探し終える。

中心となる活動
ビー玉探し

1 保育者の声かけで、プールのへりに座る。ビー玉を見て、保育者の問いかけに、積極的に答える。

保育者
子どもたちに、プールのへりに座るよう声をかける。ビー玉を取り出し、これがなにか、なに色があるかなど子どもたちに問いかけ、確認していく。

事前準備をしっかり
1. 担任の先生とよく相談しておきましょう。
2. 当日の天候やプールの水温によっては、別の活動に変更する必要があります。代案を考えておきましょう。
3. 水着の用意など、各家庭への事前連絡も欠かせません。

2 保育者からルールの説明を聞き、コップを受け取る。

保育者
ビー玉探しのルールを説明し、プールにビー玉を落として広げる。子どもたちにコップを配る。

3 ビー玉探しをする。ビー玉の数を数え、たくさん集められた子をほめ、拍手を送る。何回か繰り返しゲームを楽しむ。

保育者
安全面に注意しながら、子どもたちを見守る。笛を鳴らし、終わりの合図をして、ビー玉の数を数えるよう伝える。必要に応じて援助しながら場を盛り上げていく。

安全面に注意！
ビー玉を口にふくんでいる子がいないか注意します。また、子ども同士がぶつかったり、溺れたりしないよう、気をつけて見守るようにしましょう。活動の後は、ビー玉の数を確認した上ですべて回収します。さらに、子どもたちが十分に水分補給できるよう配慮しましょう。

実習成長エピソード 2

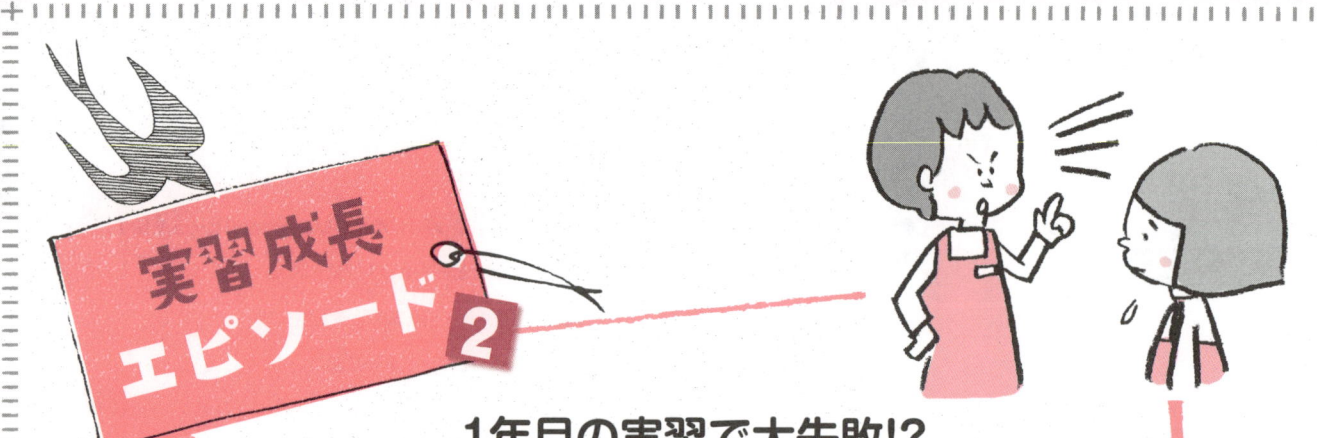

1年目の実習で大失敗!?
2年目は…?

　私は、幼稚園のときの先生がとても優しかったので、その先生に憧れて幼稚園か保育園の先生になりたいと小さい頃から思っていました。大学では、子どもの発達や心理、保育内容を学び、ますます保育者になる決意が固くなりました。けれども、1年生の秋の教育実習で、その気持ちが揺らいでしまったのです。

　私は、自分が卒園した幼稚園で実習をしました。はじめての実習ではあったのですが、母園でもあるし知っている先生方もいるので、あまり緊張せずに実習をスタートさせました。ところが、「あいさつの声が小さい」「もう少してきぱきと動くように」「記録ばかり取っていないで子どもとかかわるように」と、今から思えば基本的なことなのですが、注意を受けてばかりでした。極めつけは、「母園だからと甘えないでほしい」と、憧れていた先生に言われてしまい、本当にショックでした。小さい頃の楽しかった思い出はどこへやら、現実の厳しさを思い知りました。2年生では実習園を変えてほしいと実習担当の先生に相談したほどです。

　結局、2年生でも同じ園で実習をしました。初日から園の先生方はにこやかに受け入れてくださいました。私自身も、1年生のときとは違って、先生方に積極的に指導案などの相談や質問をしたり、子どもたちにも自分から声をかけてかかわったりできました。園での一日一日があっという間に過ぎていきました。実習最後の反省会では、憧れの先生に、「成長したね」と言ってもらい、やっぱり保育者になろうという気持ちでいっぱいになりました。

第4章
実習日誌の書き方

実習に行ったら、毎日書く実習日誌。どんなことに注意しながら書けばよいのか、実際に実習を経験した先輩たちの日誌を見ながら確認していきましょう。

保育記録・実習日誌の書き方

がんばります！

実習に行くと、必ず実習日誌を書かなくてはなりません。そのために必要なのが、保育記録です。めんどうだと感じることもあるでしょう。けれども、一生懸命に書いた保育記録や実習日誌は、指導案を作成するときに参考にでき、就職後も役立つ宝物になります。がんばって書き上げましょう！

保育記録

保育記録を書く目的

　実習生は実習先で、保育に関するさまざまな活動に参加します。その記録である「保育記録」を残すためには、時間経過に沿ってメモを取っておくことが大切です。実習中は、保育者と子どもたちとのかかわりを観察したり、自分自身が子どもたちとかかわったりしながら、いろいろな保育体験を重ねていきます。しかし、保育の現場は忙しく、子どもたちと過ごす1日は、あっという間に過ぎてしまいます。1日が終わって、いざ、実習日誌を書くときになって困るのが、子どもたちの様子や保育者の配慮などを、細かく思い出せないということです。そのとき、その場面の様子をしっかりメモして記録を取っておくことで、細かく丁寧な実習日誌を書くことができるのです。

保育メモの取り方のポイント

①ありのままをメモする

子どものことばや様子を、ありのままに書き留めるようにします。

②メモを取ることだけに集中しない

メモはポイントを定めて端的に書き、メモを取ることだけに集中しないようにしましょう。子どもや保育者とのかかわりを最優先にして、合間に書く工夫が必要です。

③ポケットサイズの安全な筆記用具を

ポケットに入るサイズのメモ帳と筆記用具を準備し、必要なときにだけ取り出して手早くメモします。先の丸いえんぴつなどを用い、シャープペンシルなどの先でけがをしないように配慮しましょう。

④子どもの前ではメモをしない

できるだけ子どもの前でメモを取ることは避けましょう。メモを取る実習生を気にして保育の流れを止めてしまうことがあります。

実習日誌

実習日誌を書く目的

実習生は実習期間中、さまざまな保育活動を体験します。そして、1日の実習が終わるごとに、実習日誌を分かりやすく丁寧にまとめることが求められます。実習日誌を書く目的は、大きく分けると3つあります。

その1　観察・経験した内容を忘れないようにするため
瞬く間に過ぎていく1日の中で、環境構成や子どもの様子、保育者の子どもに対する配慮など、観察した内容を残すことができます。

その2　自分の行動を客観的に見直し、反省するため
その日の実習の中で感じたことや考えたこと、また学んだことを、第三者が読んでも分かるように書いておくと、後で読んだときに自分の行動を客観的に見直し、考察・反省することができます。

その3　指導担当者から指導や助言をもらうため
実習日誌には、子どもの活動に合わせて保育者の援助を書きます。その援助や配慮の内容、また、その表現方法などについて、実習指導担当者から指導や助言をもらうことができます。

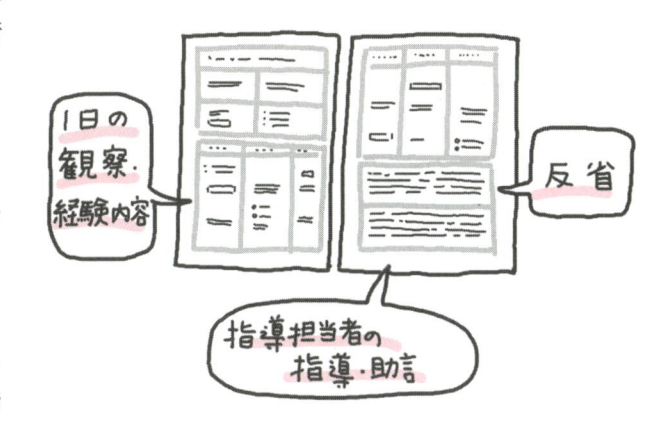

実習日誌は、指導案作成時の参考になります。丁寧に分かりやすく書くようにしましょう！

実習日誌の書き方のポイント

①主な保育活動を中心に書く
実習日誌のフォーマットは、時間の流れに沿って書くよう作られています。時間の流れに沿って記入しつつも、その日の主な保育活動を中心に書きましょう。

②具体的に書く
「〇〇ちゃんが、〜を楽しそうに遊んでいた」と抽象的な表現ではなく、どのような状況で、友達や物とかかわっていたか、保育者とどのような応答をしていたかなど、具体的に書きましょう。

③第三者が読んでも分かるように書く
保育記録を見ながら日誌を書くとき、どのような視点で観察したのかをはっきりさせ、第三者が読んでも理解できるように配慮して書きます。

④簡潔に書く
感じたこと、考えたことを的確に表すことばを探して、簡潔に書きます。

次のページからは、より具体的に実習日誌の書き方を学んでいきましょう！

残念な実習日誌を見てみよう

しょう子さんの実習日誌は、実習生がやってしまいがちなミスが満載！ あなたも、こんな日誌を書いていませんか？ NGポイントはどこか、どう直せばよいのか、見ていきましょう。

4歳児 がんばりま しょう子さんの実習日誌

▶ Q 幼稚園　観察実習

NG どんな場面のかかわりか、具体的に書きましょう。

NG その日によって準備することは違うのでは？ どんな準備をしたか具体的に書きます。

6月 20日（水）	実習生氏名	がんばりましょう子
主な子どもの活動	○マラカスを作る。 ○作ったマラカスを鳴らして遊ぶ。	実習クラス　すみれ　組 （　4　歳児）
主に観察する事項	○子どもと保育者のかかわりについて学ぶ。	出席児　14　名
	よい例）4歳児の設定保育での保育者とのかかわりについて学ぶ。	欠席児　1　名

時間	環境構成	子どもの活動	保育者の援助及び配慮
8:30		○登園する。 ○保育者にあいさつをする。 ○出席表にシールを貼る。 ○持ち物を片づける。 ○自由に室内あそびをする。 ○使った物を片づける。 ○朝の会をする。 ・歌「かたつむり」。 ・出欠の確認を受ける。 ・保育者の話を聞く。 ○トイレに行き、手を洗う。 ○手あそびをする。 ○マラカスの音を聞いて、感じたことをことばにする。 ○保育者の話を聞く。	○朝の準備（きのうと同様）。 ○子どもにあいさつをしながら、健康状態を確認する。 ○保護者に家での様子をたずねる。 ○子どもの支度の様子を見守る。できるだけ自分でやらせるが、必要に応じて援助していく。 ★ ○子どもたちのあそびの様子を見守る。 ○遊具や道具が<u>ちゃんと</u>片づけられているか確認する。 ○子どもたちに声をかけ、朝の会を<u>初める</u>。 ○保育者も子どもといっしょに歌をうたう。 ○トイレに行くよう声かけする。 ○テーブルやマラカスの材料を用意する。 ○子どもたち全員がそろうまで手あそびをする。 ○実物のマラカスと完成品の手作りマラカスを鳴らす。音の違いに気付くようことばかけする。 ○子どもたちが、マラカスの音を聞いて感じたことをことばにして ★<u>伝え合わせる</u>。よい例）伝え合うよう促す。 ○子どもたちにマラカスを作ることを伝える。 ○実際にマラカスを作りながら作り方を説明する。
9:45	**もう一歩** 保育者が立つ位置も描き入れましょう。 [棚　材料　ドア] [絵本　机　机] [　　机　机　] 子ども　実習生／担任 ○マラカス		
10:00			

9:45 の NG欄：「ちゃんと」は、やや砕けた表現です。また、具体的に書いた方がよいでしょう。
よい例）所定の場所やロッカーに

NG（★）：子どもが主体となって活動することが大切です。「（保育者が）〜させる」という表現は使わないようにしましょう。

NG：誤字！ 始める。

よい例）「〜するよう声をかける」「〜するよう促す」

116

第4章 実習日誌の書き方

NG 保育者がしたことはこれだけでしたか？書き込み不足です。

よい例）○食べるのが遅い子やおしゃべりばかりしている子に声をかけ、時間内に食べ終わるよう促す。

よい例）○どの子どもも最後まで消毒をできたか見守る。

NG 長過ぎです。要点をまとめて書きましょう。

よい例）○混乱しないように、グループごとに順番に材料を取りに行くよう伝える。

時　間	環境構成	子どもの活動	保育者の援助及び配慮
	○マラカスの材料 ・小石　・どんぐり ・ビー玉　・ペットボトル ・空き缶　・空き箱 ・ビニールテープ （図：棚・机・絵本・担任・実習生・子ども・入り口の配置）	○グループごとに材料を取りに行く。 ○マラカスを作る。 ○マラカスを鳴らす。 ○友達のマラカスの音との違いに気付き、ことばにする。 ○材料やテーブルを片づける。 ○体を動かしながらマラカスを振って遊ぶ。	○全員が一度に材料を取りに行くと、混雑し取り合いになるなどトラブルになるので、子どもたちに、「材料は全員分用意してあるから、慌てずに待ちましょう」と伝え、グループごとに、順番に前のテーブルに並べておいた材料の小石・どんぐり・ビー玉・ペットボトル・空き缶・空き箱・ビニールテープを取りに行くよう伝える。 ○子ども自身にマラカスを作らせるが、どうしてもできない場合は、援助する。★よい例）作るように声かけをする。 ○全員が完成したら、みんなでマラカスを鳴らし、自分の音と友達の音の違いに気付くようことばかけをする。 ○子どもたちといっしょに道具やあまった材料を片づけ、テーブルなどを隅に寄せ、動き回れるスペースを作る。 ○自由に体を動かして、マラカスを振って遊ばせる。★
11:45 11:55	（図：棚・実習生・机・絵本・子ども・担任・入り口の配置）	○マラカスを片づける。 ○トイレ、手洗い、うがいをする。 ○消毒をする。 ○給食を受け取る。 ○給食を食べる。 ○うがいをする。	○終わりのことばかけをし、マラカスを片づけるよう伝える。 ○トイレに行き、手洗い、うがいをするよう声かけする。 ○消毒をするように声かけをする。 ○子どもたちといっしょに給食を食べる。 ○うがいをするよう促す。
13:00 13:50 14:10 14:30		○自由に遊ぶ。 ○片づけをする。 ○掃除をする。 ○帰りの会をする。 ・翌日の連絡を確認する。 ・「さようなら」のあいさつをする。 ○順次降園。	○子どもたちといっしょに遊ぶ。 ○片づけをするよう声をかける。 ○掃除をするよう促す。 ○子どもたちに集まるよう声かけし、帰りの会を始める。 ・翌日の連絡事項を伝える。 ・「さようなら」のあいさつをする。 ○保育室の掃除と翌日の準備をする。

よい例）遊ぶよう声をかけ、保育者もいっしょに遊ぶ。

感想、反省点など

子どもたちは、自分自身でマラカスを完成させたとき、本当にうれしそうでした。自分自身でやろうとする気持ちを受け止め、達成感が味わえるようにしていくことが大切だと学びました。<u>っていうか、</u>〇〇先生が、子どもたち一人ひとりに違う声かけをしていて、それぞれの子に合った声かけをしてるんだなと思って<u>ビビリました</u>。私も、もっと勉強します。

それは、

よい例）されていたからです。だから、みんな楽しそうに取り組んでいるのだと思いました。

指導者の助言	
指導者氏名または認印	

GOOD 設定保育での保育者と子どものかかわりをよく観察していた姿が書かれている点はよいです。

NG 話しことばや、友達同士で話すときのことばづかいでは、失礼になります。書きことばで書くようにしましょう。

117

先輩の実習日誌を見てみよう

実習生3人が実際に書いた日誌を紹介します。3人ともよく書けている日誌です。
でも、あえて厳しい目でチェックしてあります。GOOD & NG ポイントをよく見て、参考にしましょう。

1歳児 Aさんの実習日誌

実習生Aさんのプロフィールと実習内容

- ★学校・学年 ……… D短期大学　1年生
- ★実習先 ………… S保育園
- ★実習したクラス … うさぎ組（1歳児）
- ★実習の種類 …… 観察実習

実習生Aさんはこんなふうに日誌を書きました

実習日誌のフォーマットは、学校によって異なりますが、この本では、比較しやすいように可能な限り統一しています。次のページから具体的な内容を見ていきましょう！

第4章 実習日誌の書き方

GOOD ポイント & NG ポイントをチェック！

NG 年齢を明記しましょう。ほめ方、しかり方にも年齢によって違いがあります。

NG 1歳児が実際にしている内容を具体的に書きます。
よい例）帽子を片づけ、帳面を出す。

NG 1歳児には、できる範囲があります。なにを片づけるよう声かけしたか、具体的に書きましょう。
よい例）バッグを棚に置き、タオルかけにタオルをかけるように声をかけ、見守り、できたらほめる。

実習場所　S保育園

10月　4日（木）	実習生氏名	A
主な子どもの活動　〇ボールで遊ぶ。	実習クラス	うさぎ　組（ 1 歳児）
主に観察する事項　〇子どものほめ方、しかり方。 　1歳児の	出席児	9　名
	欠席児	2　名

時間	環境構成	子どもの活動	保育者の援助及び配慮
8:30	〇子どもたちがすぐ遊べるように、ブロックなどの道具を用意する。	〇順次、登園する。 〇朝のあいさつをする。 〇室内あそびをする。	〇荷物を片づけるように声をかける。 〇好きなあそびを自分で見つけ、遊ぶ様子を見守る。
9:00 9:30		〇野菜体操をする。 ・帽子をかぶる。 〇持ち物を片づける。	〇音楽に合わせて、大きく体を動かし、子どもとともに楽しむ。 〇帳面を出すように呼びかけ、できたときには十分にほめる。
9:40	〇テーブルといすを用意する。 〇替えのオムツ、パンツを用意する。	〇おやつを食べる。 〇排泄をする。 ・ズボンやパンツの着脱をする。	〇全部食べられるか見守り、声をかける。 〇自分でズボンやパンツを脱ぐように声をかけ、必要に応じて援助する。

もう一歩 配置図を描き入れましょう。なにをどこに置いたか、周りになにがあるか、どのくらいの広さが必要か、保育者はどこに立つのか、分かりやすくなりますよ。

よい例）保育室 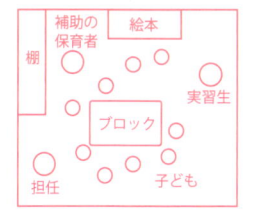
（棚・補助の保育者・絵本・実習生・ブロック・担任・子ども の配置図）

NG 見守るだけでしたか？　もちろん、見守ることが必要な場面もありますが、保育者が行ったことがあれば、日誌に記入しておきましょう。

GOOD よい記入の仕方です。具体的ですし、保育者がなにをしているのか分かりやすいですね。
よい例）見守り、必要に応じて援助しながらあそびを盛り上げていく。

NG 1歳児にどのようなことが起こる可能性があるのか、具体的に記入します。

よい例) 安全に十分に注意し、ボールを追ってサークルの外へ出ようとする子どもがいないよう見守る。

NG 「落ち着いた雰囲気」とはどのような雰囲気なのか、どう雰囲気作りをしたのか、具体的に書きましょう。

よい例) 絵本の絵が見える場所に座るように声をかけ、とまどっている子どもがいたら、空いている場所に誘うようにする。

時間	環境構成	子どもの活動	保育者の援助及び配慮
		○『いちじく にんじん』『おばけだぞぉー!』『あさですよ よるですよ』の絵本を見る。	○落ち着いた雰囲気の中で絵本を見ることができるようにする。
	○目の届く範囲で遊ぶことができるようにサークルを置く。 ○ボール、トンネルを用意する。 ○スコップ、コップ、型抜きなどを用意する。	○ボールで遊ぶ。 ・帽子をかぶる。 ・ボールを投げたり、転がしたりする。 ・砂場で遊ぶ。	○ボールの遊び方などを知らせていく。 ○安全に十分に注意をする。 ○保育者も、いっしょになって子どもと遊び、楽しさを伝えていく。
	○替えのオムツ、パンツを用意する。	○手を洗う。 ○排泄をする。 ・ズボンやパンツの着脱をする。	
11:30	○テーブルといすを用意する。 ○ほうきとぞうきんを用意する。	○給食を食べる。 ・手を洗う。 ・消毒をする。 ・口を拭く。	○食べる時間に個人差があるので、一人ひとりに合った声かけをする。
12:00		○排泄をする。	よい例)「全部食べられたね、えらいね」「もうひと口食べてみようか?」など
12:15		○『ごぶごぶ ごぼごぼ』の絵本を見る。	
12:30	○入眠しやすいようにカーテンを閉める。	○午睡をする。	○オルゴールを鳴らして優しくトントンをし、落ち着いて眠れるように配慮する。
14:30		○起床する。 ○排泄をする。 ○おやつを食べる。 ○歯磨きをする。 ○室内あそびをする。	○自分で着脱しようとする意思を大切に介助する。 ○自分で磨こうとする意思を大切にし、最後に仕上げをする。

もう一歩 配置図を記入しましょう。また、場所が変わるときには、保育室なのか園庭なのか、場所を明確に。

もう一歩 具体的な声かけの例を記入できると、もっとよくなります。

NG 大切にするために、どのように接したのか具体的に記入します。

よい例) 自分で着脱しようとする意思を大切にするため、すぐに手を貸すのではなく必要に応じて介助する。

120

第4章 実習日誌の書き方

NG ボールの個数を明記します。

もう一歩 配置図を記入。

NG どのように見守るのか具体的に書きましょう。
よい例）友達とぶつからないように声をかけ、同じボールに子どもが集中しないように気をつける。

NG「落ち着いた雰囲気」とはどのような雰囲気なのか、どう雰囲気作りをしたのか、具体的に書きます。午前の読み聞かせと異なる配慮がある場合は特に注意して記入しましょう。

時間	環境構成	子どもの活動	保育者の援助及び配慮
15:40	○帰りのズボン、パンツを用意する。	○排泄をする。	
16:00	○安全に活動できるよう、活動の場を広くとる。	○「ABCの歌」「アイアイ」「たけのこ」「おもち」「ロケット」の体操をする。	○保育者もいっしょになって、楽しく体操をする。
16:20	○ボールを用意する。	○『あっちみて こっちみて』『ぼくのだ ぼくのだ』『あてっこ どうぶつえん』の絵本を見る。○室内あそびをする。○順次、降園をする。	○落ち着いた雰囲気で絵本を見ることができるように配慮する。○けがのないように見守る。

感想、反省点など
　きょうの主な活動のボールあそびのときに、一生懸命ボールを上に投げてみたり、転がしてみたりと試行錯誤をして遊ぶ姿がとても楽しそうで、見ている私までもがすごく楽しい気持ちになりました。きょうは、2人が欠席だったこともあり、うさぎ組さん全員でボールあそびができたらよかったなと思いました。実習も残すところ2日になりましたが、全員出席でたくさん子どもたちとかかわって、最後までいろいろなことを学びたいと思っています。

指導者の助言

指導者氏名または認印

NG Aさんは、主に観察する事項として、「子どものほめ方、しかり方」を挙げています。このことに関しての記述がありません。「感想、反省点など」の欄の最初に、学びとして書いておきましょう。

3歳児 Bさんの実習日誌

実習生Bさんのプロフィールと実習内容

- ★ 学校・学年 …………… E大学　2年生
- ★ 実習先 ………………… Y保育園
- ★ 実習したクラス ……… パンジー組（3歳児）
- ★ 実習の種類 …………… 観察実習

実習生Bさんはこんなふうに日誌を書きました

p123
p124
p125

実習日誌のフォーマットは、学校によって異なりますが、この本では、比較しやすいように可能な限り統一しています。次のページから具体的な内容を見ていきましょう！

第4章 実習日誌の書き方

GOOD ポイント & NG ポイントをチェック！

GOOD
環境構成については全体的に、保育の展開に従って、どのような環境設定が行われているか分かりやすく書かれています。

GOOD
この観察の視点はよいですね！

GOOD
援助のねらいが、具体的にしっかりと書かれてあるので、どのように援助したかが分かる記述になっています。

実習場所　Y保育園

10月 4日（火）	実習生氏名 B
主な子どもの活動　○幼児クラブに参加する。	実習クラス　パンジー組（3歳児）
主に観察する事項　○3歳児の生活の中から成長・発達の行方を見る。	出席児　18名
	欠席児　1名

時間	環境構成	子どもの活動	保育者の援助及び配慮
8:30	○室内の換気をしておく。 ○子どもたちがゆったり着替えができるよう、十分なスペースを確保する。 ○室温の調整をする。	○順次登園する。 ○身支度をする。 ・自分で着替えを済ませ、先生に主張してくる子どもがいる。 ・自分ではできずに、先生に助けを求める子どももいる。	○一人ひとりと笑顔であいさつをし、きょうも1日元気に過ごせるよう、ことばかけをする。 ○自分でできた達成感を大切にし、自信へとつなげる。 ○自分でしようとする気持ちになれるよう、ことばかけをしながら必要に応じて手助けをする。
8:45	○子どもが満足して遊べるようブロックを十分に用意する。	○自由あそびをする（ブロック）。 ・ブロックで同じ物を作ってごっこあそびをする子どもの姿が見られる。 ・仲よしの友達とグループになって遊ぶ子どももいる。	○子どもたちが楽しく遊んでいる様子を見守り、思いを共有できるようにする。 ○みんなが楽しく仲よく遊べるようにことばかけをする。

もう一歩
Bさんの日誌は、環境設定が分かりやすく記入されていますが、配置図があるともっと分かりやすくなります。

よい例）保育室
（棚・絵本・実習生・ブロック・担任・子どもの配置図）

GOOD
この観察の視点はよいですね！

NG
思いを共有できるようにするために、保育者がしたことを具体的に書きましょう。

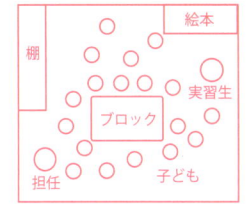

よい例）「○○ちゃんと●●ちゃんの作ったのいっしょだね。じゃあ、△△ごっこして遊ぼう」などの声かけをして、あそびをつなぎ、思いを共有できるようにする。

123

もう一歩
幼児クラブのときの配置図、給食のときの配置図を描き入れましょう。

NG
これは、「保育者の援助及び配慮」の欄に入れましょう。

もう一歩
「幼児クラブ」がどんなクラブか書いておくと、第三者が読んだときに分かりやすくなります。

時間	環境構成	子どもの活動	保育者の援助及び配慮
9:30	○片づけができるよう箱を用意する。	○片づけをする。 ・なかなか片づけをしようとしない子どももいる。 ○排泄をする。	○全員がきちんと片づけができるようことばかけをする。
9:35 9:45	○元気に楽しくうたえるような雰囲気を作る。	○朝の歌をうたう。 ・楽しそうに元気よくうたう子どももいる。	○子どもといっしょにうたい、楽しさに共感する。
	○シート、机、絵の具など製作に必要な道具を準備する。	○幼児クラブに参加する。 ・紙粘土に色塗りをする。 ・ペットボトルに色塗りをする。 ・一生懸命に作業をする子どもの姿が見られる。 ○排泄をする。	○子どもといっしょに作業をしながら、色の塗り方を伝えていく。 ○楽しく作業ができるよう、ことばかけをする。 ○子どもがスムーズに排泄ができるよう見守る。
11:35	○シートと机を用意する。 ○部屋の掃除をし、保育室を清潔に保つ。	○給食を食べる。 ・会話を楽しみながら食べる子どももいる。 ・食事がなかなか進まない子どももいる。	○個人差に合わせて、食事の量を調整する。 ○食事の様子を見守りながら、必要に応じて手助けをする。
12:30 12:50	○人数に合った量の塗り絵や玩具を用意する。	○歯磨きをする。 ○自由あそびをする(塗り絵・おままごと)。 ・友達と誘い合ってごっこあそびをする子どももいる。 ・友達と取り合いになってけんかをする子どももいる。	○けがやトラブルがないように、温かく見守る。 ○自分の思いを友達に伝えられるように、保育者が仲立ちとなり代弁したり、自分のことばで伝えられるようにしていく。

もっとよくなる!

　子どもが次の活動を始めるときには、多くの場合、きっかけとなる保育者の働きかけがあります。また、クラスの全員がその活動をやりとげたか確認したり、援助したりする場合もあります。A～Cさんの日誌には、これらの記述があまりありません。実習中、できごとすべてを観察し、すべて日誌に書くことは難しいかもしれませんが、これを記入できると、第三者が読んだとき、とても分かりやすい日誌になります。

子どもの活動：排泄をする。
例）○トイレに行くようことばかけする。
　　○全員が排泄を済ませ、手洗いをして保育室に戻ることを確認する。

子どもの活動：歯磨きをする。
例）○歯磨きをするよう促す。
　　○全員が歯磨きできているか見守る。

第4章 実習日誌の書き方

GOOD
主に観察する事柄についての学びがしっかり書けていてよいです。

もう一歩
ことばかけの具体例があるとさらによいでしょう。

時 間	環境構成	子どもの活動	保育者の援助及び配慮
13:55		○片づけをする。 ・種類に分けて片づけようとする子どもの姿が見られる。	
14:05	○着替えができる十分なスペースを用意する。	○お着替えをする。 ・自分ではしようとしない子どももいる。	○上手にできない子どもには、ことばかけをして励ます。 よい例)「シャツは前と後ろがあるから気をつけてね」など
14:30	○シートを敷いて、楽しく食べる雰囲気を作る。 ○シートを拭いて清潔に保つ。	○おやつを食べる。 ・友達と楽しそうに食べる姿が見られる。	○ことばかけなどをし、楽しく食べられるようにする。 よい例)「みんなで食べるとおいしいね」など
		○お帰りの歌をうたう。 ・大きな声で元気よくうたう子どももいる。	○きれいな声でのうたい方をことばかけし、伝える。 よい例)「叫ばないで、優しくうたおうね」など
15:00		○順次降園する。	○元気よくあいさつを交わし、あしたも元気に登園できるようことばかけする。

感想、反省点など

　10月に入って、衣替えになってから、子どもたちはお着替えする時間が1日に2回あります。同年代の子どもでも、自分でなんでもやろうとする子もいれば、少し自分でやってみるものの、先生に助けを求めに行く子ども、また自分ではまったくやろうとせず、すぐに助けを求めに行く子どもなど、発達による個人差が見られました。わたしはすぐに手を貸してしまいそうになるのですが、先生は一度、子どもが自分でしてみようという時間を作ります。そして、それから手助けをしながらも、自分でできるよう励まし、またできたときにはともに喜び、子どももとてもうれしそうな様子でした。なんでも手を貸してしまうと成長しない、自分でしてみようという気持ちをもつようことばかけなどをするということも大切だなと思いました。
　クラブ活動では、絵画クラブに参加しました。ペットボトルに色を塗るという作業でした。3歳児の子どもは、ペットボトルのでこぼこした部分を塗るのが少し難しそうな様子でした。でも、みんな筆を使って一生懸命取り組んでいる姿が見られました。
　きょうは、午睡がなくなって2日目です。絵本を読んでいるときに、うとうとして今にも寝てしまいそうな子どもが何人かいました。まだ今までの習慣がぬけきれていないようです。少しでも早く今の生活リズムに慣れてほしいと思います。

指導者の助言

NG
絵本の読み聞かせをしたのではありませんか。「子どもの活動」「保育者の援助及び配慮」の欄に書き込みが抜けているようですよ。

指導者氏名または認印

125

5歳児 Cさんの実習日誌

実習生Cさんのプロフィールと実習内容

- ★学校・学年 …… F短期大学　1年生
- ★実習先 …… Z幼稚園
- ★実習したクラス …… すみれ組（5歳児）
- ★実習の種類 …… 観察実習

実習生Cさんはこんなふうに日誌を書きました

p127　観察記録1＜1日の流れ＞

p128

p129　観察記録2＜場面観察＞

実習日誌のフォーマットは、学校によって異なりますが、この本では、比較しやすいように可能な限り統一しています。次のページから具体的な内容を見ていきましょう！

第4章 実習日誌の書き方

GOOD ポイント & NG ポイントをチェック！

NG
年齢によってかかわり方が変わります。年齢を明記しましょう。あるいは、その日の主活動は、事前に知らされていると思います。ポイントをしぼり、主活動について書くとよいでしょう。

よい例）○5歳児との接し方やかかわり方について学ぶ。
○5歳児が楽しんでハンドベル演奏に取り組むための、保育者の働きかけを学ぶ。

GOOD
ことばかけが具体的でよいです！

観察記録1〈1日の流れ〉

11月 19日（金）		実習生氏名	C
主な子どもの活動	○音楽会の練習（ハンドベル）をする。	実習クラス	すみれ 組（ 5 歳児）
主に観察する事項	○子どもとの接し方やかかわり方について学ぶ。	出席児	31 名
		欠席児	2 名

時間	環境構成	子どもの活動	保育者の援助及び配慮
8:15	○保育室の窓を開けて、空気の入れ換えをする。	○順次登園する。 ・朝の用意をする。 ・製作の続きをする。	○笑顔で元気よくあいさつをし、子どもを気持ちよく迎え入れる。 ○できあがった物を見せ、イメージがもてるようにする。
9:10	○スムーズに行えるように、いちごの苗を用意しておく。	○いちごの苗植えの説明を聞く。 ・話を聞いてから帽子をかぶり、外へ出る。	○いちごを育てることの大切さや楽しみをもって、苗植えに取り組めるようにする。
9:20	○均等に植えられるように、土に軽く穴を開けておく。	○全園児でいちごの苗を植える。 ・いちごの苗を植えて水をやる。	○「大きくなるといいね！」といちごを育てることに期待をもてるような声かけをする。
10:15	○好きなあそびを見つけられるように用具を用意しておく。	○園庭で自由あそびをする。 （サッカー、砂あそび、竹馬、ブランコなど）	○あそびを通して気付いたことや感じたことに共感し、次のあそびにつながるように援助する。
10:30	〈保育室〉 きりん／チーター／ペンギン／保育者／ピアノ／コアラ／とら／かに	○朝の集まりをする。 ・リズムあそびをする。 ・欠席調べをする。 ・お知らせタイムをする。	○友達のよい所に気付けるように声をかける。 ○お互いに話をすることで、共感したり、いっしょに考えて解決できるように促す。

NG
活動場所や苗以外の道具も具体的に記入しましょう。

よい例）○畑でスムーズに作業ができるように、いちごの苗やペットボトルじょうろなどを用意しておく。

NG
「保育者の援助及び配慮」の内容を見ると、話し合いをしたようですね。子どもの活動によって保育者の援助や配慮も変化します。明確に記入しましょう。

よい例）・音楽会について話し合う。

NG
なんのお知らせか具体的に書きましょう。

よい例）・音楽会のお知らせをする。

127

NG 子どもたちがスムーズに活動できるよう行われた環境設定は、重要です。書き漏らさないようにしましょう。

よい例）
○並ぶ列ごとにリボンの色を変えておく。
○ジングルベルの階名を書いた表を用意し、子どもたちの目の届く所に貼っておく。

GOOD ことばかけが具体的でよいです！

時間	環境構成	子どもの活動	保育者の援助及び配慮
11:00	○ハンドベルと楽譜を準備しておく。	○音楽会の練習をする。 ・「星にねがいを」「ミッキーマウスマーチ」をハンドベルで演奏する。 ・「ジングルベル」をハンドベルで練習する。 ・「トナカイくん、ファイト！」をうたう。	○聴いている人も楽しめるように、気持ちを込めて演奏するように声をかける。 ○子ども一人ひとりの様子を見ながら、メロディーをうたって確認する。 ○子どもに手本を聴かせて、覚えやすくする。
11:55	○ブルーシートを敷く。 ○消毒液を用意しておく。	○昼食を食べる。 ・手洗い、消毒をする。 ・当番活動をする。	○進んで準備をする子を認め、他の子にも気付くよう促す。
12:20	〈保育室〉	○自由あそびをする。 （製作の続き、音楽会ごっこなど）	○子どもの様子を見ながら、あそびが広がるように声をかける。
13:00	音楽ごっこ／ねんど／ピアノ／製作	○片づけ、掃除をする。 ○帰る準備をする。	○「きれいになったね！」と共感し、達成感を味わわせる。
13:20		○お別れ会をする。 ・「歌えバンバン」をうたう。	○感謝の気持ちを込めて、元気よく大きな声でうたうように声をかける。
13:40		○帰りの集まりをする。 ・月曜日の連絡を確認する。 ・「さようなら」のあいさつをする。	○1週間、元気に登園できたことをほめて、次週も楽しく園生活が送れるように、期待感をもてるようにする。
14:00	○保育室の掃除をする。	○順次降園する。	

NG なにに対する感謝の気持ちなのか、明確に記入しましょう。

NG 子どもが主体となって活動することが大切です。「（保育者が）〜させる」という表現は使わないようにしましょう。
よい例）達成感が味わえるように声かけをする。

第4章 実習日誌の書き方

観察記録2〈場面観察〉

時間	環境構成	子どもの活動	保育者の援助及び配慮
12:20	○自由あそびをする。 ・手作りの楽器を使って音楽会ごっこをする。	○自分たちで役割を作ったり、曲に合わせて手作りの楽器を演奏したり、お客さんを集めたりする。	○最初は曲に合わせて演奏したり、楽器を作ったりしていたのが、「演奏会を見てもらおうか」という声かけで、席を準備したり、お客さんを案内したりと、あそびが広がったのには驚きました。5歳児は、どのようにすればよいか、友達と話し合いながら、協力したり工夫したりしながら遊ぶことができるのだと感じました。

観察記録（1・2）で気付いたこと

　5歳児は生活の見通しをもって行動することができ、自分から進んで物事に取り組む姿が見られました。そして、自分のことだけでなく、友達の気持ちも考えて行動することができるのだと感じました。保育者は普段から子どもの意欲やがんばりを認め、自分に自信がもてるように接していました。これにより、新しいことに挑戦したり、自分のよい所や友達のよい所に気付いていくことができるのだということが分かりました。また、子どものつまずきや葛藤による気持ちの変化に気付き、乗り越えていけるように援助したり、見守ったりすることも大切だということが分かりました。子ども一人ひとりに合わせた援助や接し方を考えることが大切だと思いました。

指導者の助言

指導者氏名または認印

GOOD
5歳児の発達をしっかりとらえて学んだ内容が書かれてあって、とてもよいと思います。

先輩保育者からのメッセージ

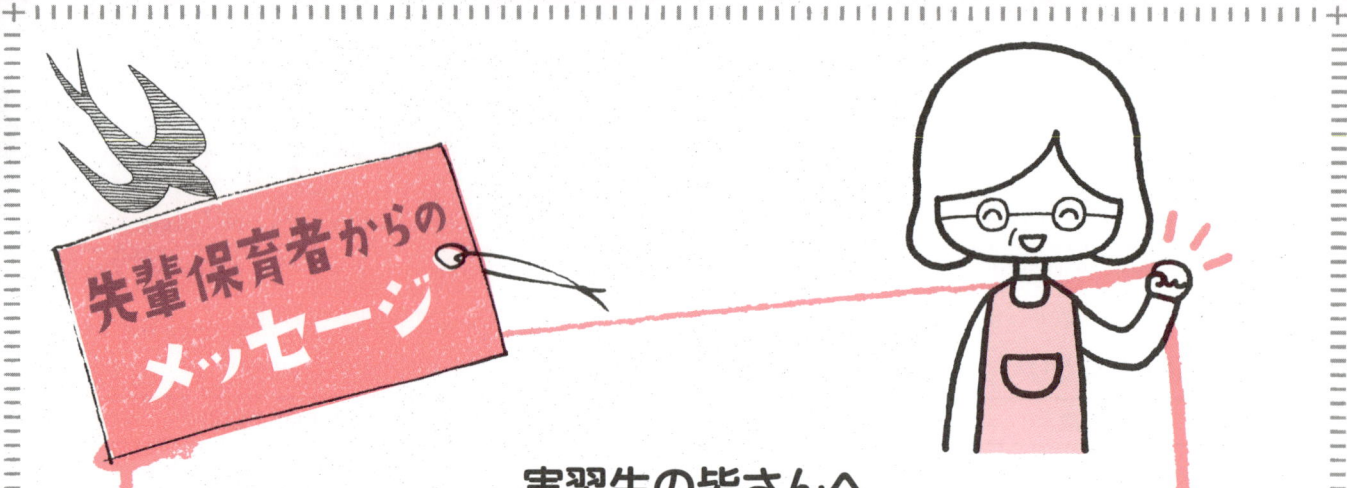

実習生の皆さんへ

　いよいよ実習が始まりますね。皆さん方を受け入れるにあたって、保育現場から一言お伝えします。

　多くの皆さんは、保育者に憧れて保育の仕事を選ばれるのでしょうね。その動機は、保育園や幼稚園のときの先生がすてきだったから、子どもが好きだから、保育は楽しそうだからなどでしょうか？　もちろん、子どもはかわいいし、保育は楽しいし、おもしろいです。でも、子どもが好き、保育は楽しいというだけでは保育はできないことを、この実習で学んでもらいたいと思います。

　保育が楽しく見えるのは、楽しいものにするための指導案を作成し、準備をし、保育を実施するにふさわしい環境を、先生方が整えてくれているからなのです。

　また、子どもを本当にかわいいと思えるのは、子どもと深くかかわるからです。子どもは、あるときは容赦なく大人にぶつかってきます。そんなときもかわいいと思えてこそ、保育者と言えるのです。そんな保育の裏側もしっかりと見てとらえてもらいたいと思います。

　命を預かる保育現場は忙しく厳しいですから、ときには厳しい指摘や指導を担当保育者から受けることもあるかもしれません。それも、謙虚に受け止めて学びにしてもらいたいと切に願っています。

第5章

実習お悩み Q&A

嫌われる実習生ってどんな実習生? 子どもたちとのやりとりや厳しい担当の先生との付き合い方は? お礼状は書いた方がいいの? 実習生なら誰でも気になる疑問にお答えします。実習がもっと充実する、納得の Q&A です!

実習お悩み Q&A

ベテラン先生がお答えします！

Q.1 実習にふさわしい服装・髪型・メイクを教えてください。

A. 何事においてもナチュラルというのが大切です。

服装

園の方針を確認しましょう。特に決まりがないならば、大学・短大の指定のユニフォームを着るとよいでしょう。ない場合は動きやすく、胸元の開き過ぎない服を選びましょう。動いたりしゃがんだりしたときに、おなかや背中が丸出しにならないかチェックするのも忘れずに。

髪型

髪は短いに越したことはありませんが、長くても肩につくくらいまでにしましょう。それ以上に長い場合は、後ろでしっかり束ね、前に垂れ下がらないようにします。もちろん、明る過ぎる茶色など、不自然なカラーリングは避けるようにしましょう。

メイク

メイクはつけまつげやカラーコンタクトなどは避け、あくまでもナチュラルメイクを心がけましょう。濃過ぎるメイクは乳幼児にとっては恐怖となり、人見知りをされることもありますよ。

- 長い髪はまとめる　前髪は目にかからないように
- ピアスなどのアクセサリーは外す
- つめは短く切る　ジェルネイルやマニキュアはNG
- ナチュラルメイク
- エプロンは必要か　色や形に指定があるか確認する
- ゆったりとした動きやすい服装
- 外履きと上履き　スニーカーでもよいか確認する

Q.2 自信がありません…。自信をもって実習に臨むにはどうしたらよいですか?

A. 自信は最初からあるものではありません。当たって砕けろと開き直りましょう。

開き直るにはそれだけの根拠が必要です。オリエンテーションで教えてもらった歌の弾きうたいは練習しましたか? わらべうたや手あそびは覚えましたか? 実習で読んであげたい絵本のリストはできていますか? 授業で学んだ子どもの発達や心理の振り返りはできていますか? そのようなことが準備できていれば、後は当たって砕けろです! どんな実習になるのかワクワクした気持ちで臨みましょう。

Q.3 自分の名札は準備しておくべきですか?

A. もちろん、準備しておきましょう。手作りで実習への意気込みを伝えましょう。

子どもたちは実習生にとても関心をもっています。園に行くと、「どこからきたの」「なにしにきたの」といろいろ話しかけてくるでしょう。そのときに、工夫を凝らした手作りの名札を見せて自己紹介をすると、いち早く名前を覚え、親しんでくれるでしょう。動植物や乗り物の他、園の方針に反しないなら、キャラクターのモチーフも子どもたちが喜びます。サイズは大き過ぎず、小さ過ぎず、また、膨らみすぎないように作ります。ピンで留める場合は、安全かどうかをしっかり確かめておきましょう。安全ピンの使用を禁止している園もありますから、事前に確認しましょう。

Q.4 「遊んで！」とつぎつぎに言われたら、どうしたらよいですか？

A. いっぱい遊んであげましょう。そうすることで、子どもとの距離が縮まるのです。

　子どもは実習生が園にやってくると、これをチャンスとばかりに「遊んで！」と近寄ってきます。日々の保育の中では、担任の保育者は、すべての時間を子どもとのあそびに費やすわけにいきません。クラス運営のためのいろいろな用事をこなさなければならないからです。そのことをよく知っている子どもたちにとって、実習生はあそび相手として大歓迎なのです。実習までに、いろいろなあそびを仕込んでおいて、子どもとのあそびを楽しみましょう。そうすることで、子どもとの距離も縮まり、子ども理解の第一歩となるのです。

Q.5 けんかをしている子がいたら、どうしたらよいですか？

A. けんかをするのは仲がよい証拠と思って対応しましょう。

　「けんかするほど仲がよい」とよく言われます。保育園であれば乳児のときから、幼稚園であれば3歳頃からずっといっしょに生活し遊んでいる子どもたちです。ともに過ごす中で、遠慮なく自分の思いをぶつけ合っています。そうしながら成長するのですから、けんかを悪いことではなく、お互いを理解するために大切なこととして受け止めてあげることが大事です。そして、子どもたちの話によく耳を傾け、それぞれの思いを伝えてあげましょう。そのやりとりの中で、子どもたちは友達への思いをより深めることになるのですから。

Q.6 保護者に質問されたら、どうしたらよいですか？ 自分から話しかけてもよいのですか？

A. 保護者は実習生に対して関心をもっています。丁寧にかかわりましょう。

たとえ短期間でも、保護者は自分の子どもにかかわってくれる保育者には、関心があり、感謝もしています。ですから、子どもの様子などを質問されることもあるでしょう。そのときは、実習生がかかわった限りの様子を丁寧に伝えましょう。また、実習生の方から、その日の子どものよかった所などを伝えるのもよいですね。

ただ、子どもに関する相談などを受けた場合については、即答することは避けて、園長先生や担当保育者に報告するようにしましょう。

Q.7 担当の先生がとても厳しいです…。どうしたらよいですか？

A. 厳しくされるということは、実りある実習をしてもらおうという思いの表れです。

本来実習は厳しいものです。そのことをよく理解しているベテランの保育者ほど指導は厳しくなるでしょう。あいさつや子どもとのかかわりはもちろんですが、掃除や片づけ、保育に必要な教材の準備、他の保育者とのかかわりなど、指導してもらうことが多ければ多いほど、そのプロセスと結果に対する評価は厳しくなります。いろいろ言われても意地悪で言われているのではないと受け止めて、学びにすることが大切です。

Q.8 お礼状は、書かなければいけませんか?

A. もちろんです。お世話になった感謝の気持ちを込めて、1週間以内に届くように書きましょう。

　実習は、実習生の努力だけでは成り立ちません。実習園では、オリエンテーションを実施し、担当クラスを決め、職員や保護者に実習生迎え入れの周知を図り、実習生が心おきなく実習に臨めるように準備をします。実習開始からは、右も左も分からない実習生に保育の意義や内容、保育記録の書き方、指導案作成の仕方、そして、実際の保育の展開の指導まで行います。期間中、大変お世話になるのです。快くお引き受けくださった園長先生や担当の先生、職員の皆さん、子どもたち、保護者の皆さんに感謝の気持ちを込めて、お礼状を出しましょう。時期は、実習終了後、1週間以内に届くようにします。

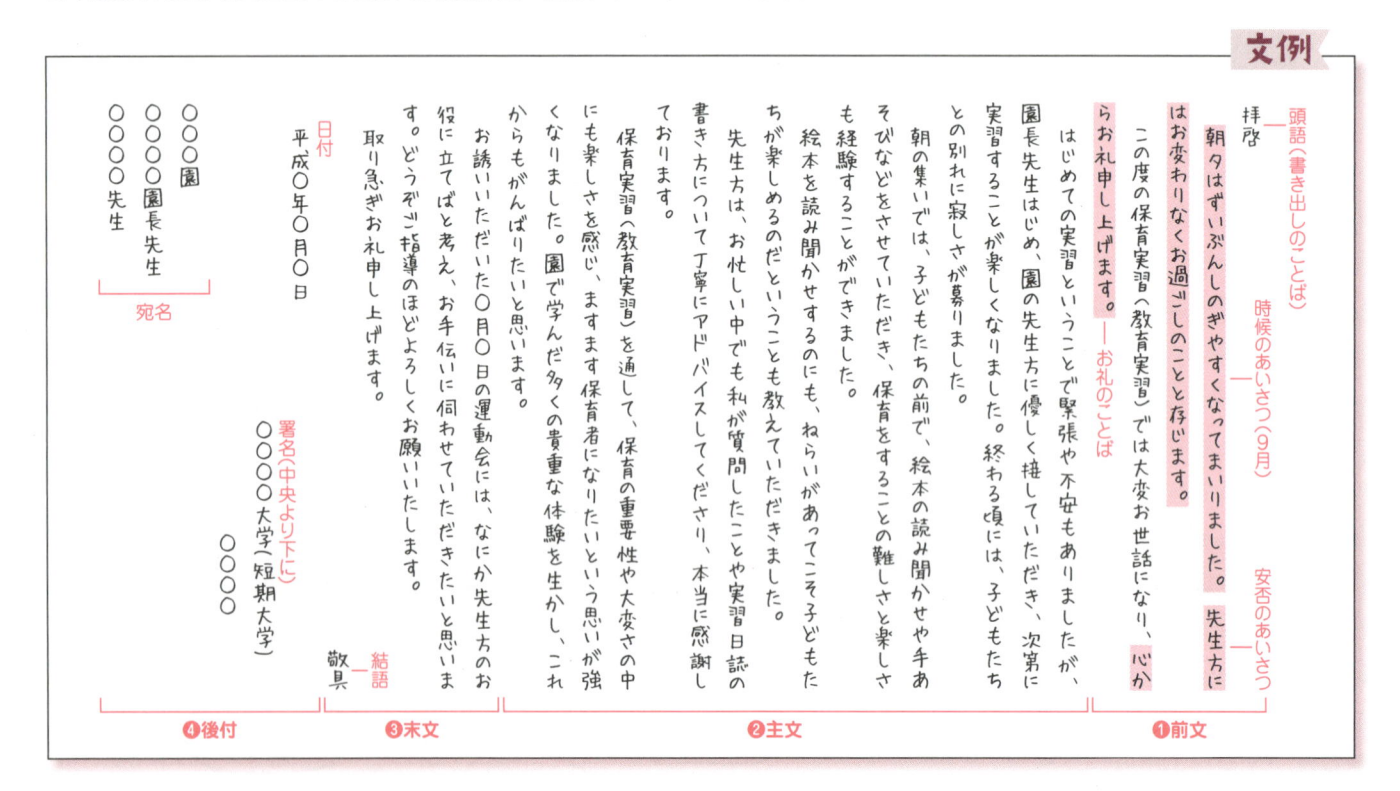

文例

〔文例の縦書き書簡〕

① 前文（頭語（書き出しのことば）／時候のあいさつ（9月）／安否のあいさつ／お礼のことば）

拝啓　朝夕はずいぶんしのぎやすくなってまいりました。先生方にはお変わりなくお過ごしのことと存じます。
この度の保育実習（教育実習）では大変お世話になり、心からお礼申し上げます。

② 主文

はじめての実習ということで緊張や不安もありましたが、園長先生はじめ、園の先生方に優しく接していただき、次第に実習することが楽しくなりました。終わる頃には、子どもたちとの別れに寂しさが募りました。
朝の集いでは、子どもたちの前で、絵本の読み聞かせや手あそびなどをさせていただき、保育をすることの難しさと楽しさも経験することができました。
絵本を読み聞かせするのにも、ねらいがあってこそ子どもたちが楽しめるのだということも教えていただきました。
先生方は、お忙しい中でも私が質問したことや実習日誌の書き方について丁寧にアドバイスしてくださり、本当に感謝しております。
保育実習（教育実習）を通して、保育の重要性や大変さの中にも楽しさを感じ、ますます保育者になりたいという思いが強くなりました。園で学んだ多くの貴重な体験を生かし、これからもがんばりたいと思います。
お誘いいただいた○月○日の運動会には、なにか先生方のお役に立てばと考え、お手伝いに伺わせていただきたいと思います。どうぞご指導のほどよろしくお願いいたします。
取り急ぎお礼申し上げます。

③ 末文　　敬具（結語）

④ 後付

平成○年○月○日（日付）
○○○○大学 短期大学
○○○○（署名（中央より下に））

○○○園
○○○○園長先生
○○○○先生（宛名）

---

①前文（頭語・時候のあいさつ・安否のあいさつ・お礼）
　一行目に頭語を書きます。「拝啓」が一般的です。改行して、時候のあいさつを書きましょう。また、簡潔に実習のお礼も書きましょう。

②主文
　改行して、具体的なエピソードを交え、実習で学んだこと・気付いたこと・反省点などを書き、それを踏まえて、今後どのように保育に取り組んでいきたいかなどにも触れるとよいでしょう。感謝のことばも書きましょう。

③末文
　改行して結びのあいさつを書きます。文末にそろえて、結語を書き入れます。「敬具」は「拝啓」とセットで使います。

④後付
　日付・署名・宛名を書きます。宛名には、敬称を忘れずに、署名よりも上の位置に書くよう注意しましょう。

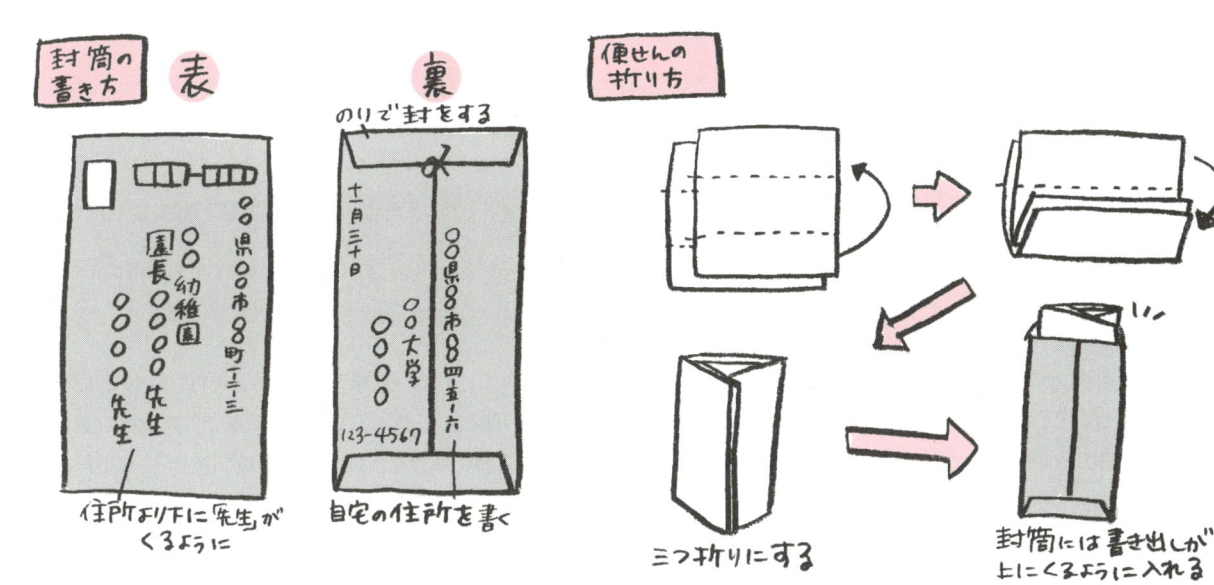

お礼状を書くときのポイント&注意点

○自分のことばで書きましょう。
（実習中のエピソードや感想、学んだことを具体的に書くと誠意が伝わりやすいです。）

○封書を使用し、宛名には園長名と直接指導してくださった保育者の名前を連名で記入します。差出人として、大学（短大）名と実習生名を書きましょう。

○誤字・脱字に気をつけて、走り書きにならないように丁寧に直筆で書くようにしましょう。

○園に直接持参するのではなく、必ず切手を貼って投函しましょう。

子どもたちへのお便り

　短期間であったとしても、担任の先生とはちょっと違った存在の実習生を子どもたちは大好きになります。いっぱい甘えて遊んでもらった実習生を、心のよりどころにして登園した子どももいるかもしれません。そんな子どもたちへの思いを込めてお便りを書きましょう。先生方へのお礼状とは別送しましょう。

文例

○○ぐみのみんなへ
みんなおげんきですか？
みんなのくらすでじっしゅうをさせてもらった○○です。おぼえていますか？
じっしゅうはみじかかったけれど、わたしはみんなとすごしたこと、いまもわすれられません。
ちかくのこうえんで、かけっこをしたり、おにごっこをしたりしましたね。みんなといっぱいあそんで、ほんとうにたのしかったです。えほんもよくきいてくれてありがとう。
わたしは、いつもげんきなみんなから、たくさんのゆうきをもらいました。いまは、がっこうにかえって、ほいくえん（ようちえん）のせんせいになる、べんきょうをしています。
もうすぐ、うんどうかいですね。おてつだいにいきますので、また、そのときあえるのを、たのしみにしています。うんどうかいのれんしゅう、がんばってくださいね。
　　　　　　　　　　　　　　　　　　　　　　　　さようなら
　　　　　　○○○○だいがく（たんきだいがく）　○○○○○

Q.9 嫌われる実習生って、どんな実習生ですか？

A. 謙虚さがなにより大切です。学ばせてもらっているという気持ちを忘れずに！

実習の1日を考えてみましょう。朝、園長先生であれ、給食担当の職員であれ、園で出会うすべての人に、明るく大きな声であいさつができていますか？ 1日の始まりに、それができなければ、まず、やる気がないと思われてしまいます。子どもがそろい、設定保育などが始まっても、実習生同士で固まっていたり、おしゃべりをしたり、ただ見ているだけという態度では、「学生気分丸出し」と思われて、嫌われてしまうでしょう。指摘や注意を受けたときには、ふくれっ面をしたり、生意気な態度をとったりしないように気をつけましょう。また、休憩時間に携帯電話で長話をしたり、自分の飲んだペットボトルを置き忘れたりするなど、だらしないのも困ります。どんなときも、学ばせてもらっているという謙虚な気持ちを忘れないようにしましょう。

第6章

知っていると役立つ!
導入あそび

活動の導入などに使える、手あそびやミニシアターを紹介します。担任の先生が前に立っただけで子どもたちが注目してくれるのは、子どもたちとの関係性ができているから。そうではない実習生には、子どもたちとつながるひと工夫が必要です。歌は、その助けになります。うたいながらできる手あそびやミニシアターは、きっと役に立ちますよ。

対象年齢 0〜2歳児

手あそび
くり かき バナナ

指差しができる子は、保育者と同じように。まだできない子は、手を振ってまねっこします。
「くり バナナ かき」の所で、動きが速くなるので、大きい子どもたちも楽しめます。

くりのポーズ	かきのポーズ	バナナのポーズ

※指の間の距離が、くだものの大きさを表します。

---

1 ♪くり くり くり くり

両手の人差し指を立てて、くりのポーズをしながら指を揺らします。

2 ♪かき

両手の人差し指を立てて、かきのポーズをします。

3 ♪かき かき かき かき

両手の人差し指を立てて、かきのポーズをしながら指を揺らします。

4 ♪バナナ

両手の人差し指を立てて、バナナのポーズをします。

5 ♪バナナ バナナ バナナ バナナ

両手の人差し指を立てて、バナナのポーズをしながら指を揺らします。

6 ♪くり バナナ かき

両手の人差し指を立てて、歌に合わせて、くり→バナナ→かきのポーズをします。

♪くり → ♪バナナ → ♪かき

7 ♪バナナ バナナ くり くり

両手の人差し指を立てて、歌に合わせて、バナナ→くりのポーズをします。

♪バナナ バナナ　♪くり くり

8 ♪ごちそうさま

食べるまねをします。

パク パク

楽譜 くり かき バナナ　　作者不詳

くり くり くり くり くり　かき　かき かき かき かき かき　バ ナ ナ

バナナ バナナ バナナ バナナ　く り バナナ　か き　バ ナ ナ

バ ナ ナ　く り く り　ご ちそう さ ま

第6章 導入あそび 0〜2歳児

手あそび
おでん

対象年齢 0〜5歳児

「グーチョキパーでなにつくろう」と同じメロディーで、おでんができちゃう手あそびです。大きく体を動かせば、寒い季節でも温まります。

1 ♪だいこん
両手で太ももをたたきます。

2 ♪ちくわ
手で丸を作り、目に当てます。

3 ♪だいこん ちくわ
1.2を繰り返します。

4 ♪たまご
「たま」の部分で両手をグーにして胸の前で2回ぐるぐると回し、「ご」で人差し指を立てて、ほっぺに当てます。

5 ♪たまご
4を繰り返します。

6 ♪はんぺんに
胸の前で手を2回たたきます。

7 ♪こんぶ
胸の前で手をクロスさせ、肩のあたりを触ります。

8 ♪はんぺんに こんぶ
6.7を繰り返します。

第6章 導入あそび 0〜5歳児

9 ♪こんにゃく
腕を広げてぶらぶらと揺らします。

10 ♪こんにゃく
9を繰り返します。

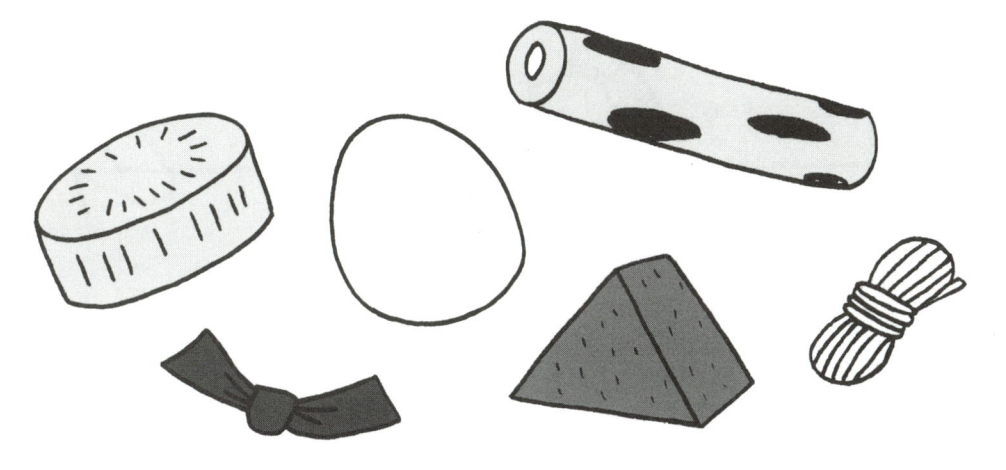

他のおでんだねにしても楽しいですね。

楽譜　　　　　　　　**おでん**　　　　　　　作詞：不詳　フランス民謡

だい こん ちく わ　だい こん ちく わ　た ま ご　　た ま ご

はん ぺん に こん ぶ　はん ぺん に こん ぶ　こん にゃ く　こん にゃ く

143

対象年齢 **0〜5歳児**

手あそび
ミックスジュース

「10にんのインディアン」のメロディーに乗せて、ミックスジュースを作る手あそびです。
「ぐるぐる ぐるぐる ミックスジュース」の部分をだんだん速くしても楽しいですね。

1 ♪りんご りんご りんごのほっぺ

両手でほっぺをなでます。

2 ♪ぶどう ぶどう ぶどうのおめめ

両手の人差し指を立て、目の外側を触ります。

3 ♪いちご いちご いちごのおはな

人差し指を1本立て、鼻を触ります。

4 ♪おくちは さくらんぼ

人差し指を1本立て、口を触ります。

5 ♪チュ!!

手を口に当て、投げキッスをします。

6 ♪ぐるぐる ぐるぐる ミックスジュース

両手をグーにして、胸の前でぐるぐると回します。

7 ♪ぐるぐる ぐるぐる ミックスジュース ぐるぐる ぐるぐる ミックスジュース

6をさらに2回繰り返します。

8 ♪ハイ できあがり

手拍子をします。

9 ♪どうぞ

両手を広げ、前に差し出します。

ミックスジュースができあがったら、みんなで飲むまねっこをしましょう。

第6章 導入あそび 0〜5歳児

楽譜 ミックスジュース

作詞：不詳　アメリカ民謡

はやめに

りん ご りん ご りんごの ほっ ペ　ぶ ど う ぶ ど う ぶどうの おめ め
ぐる ぐる ぐる ぐる ミックスジュー ス　ぐる ぐる ぐる ぐる ミックスジュース

いち ご いち ご いちごの おは な　おく ち はさく らん ぼー り ー　チュ!!
ぐる ぐる ぐる ぐる ミックスジュー ス　ハイ で き あ が り ー　どうぞ

対象年齢 2〜5歳児

手あそび
キャベツの中から

指を順番に立てていく手あそびです。繰り返しながら変化していく様子を楽しみましょう。

1番

1 ♪キャベツの　なかから　あおむしでたよ（6番：さなぎがでたよ）

①右手はグー、左手はパーにして、右手を左手に当てます。②右手はパー、左手はグーにして、左手を右手に当てます。①と②を交互に繰り返します。

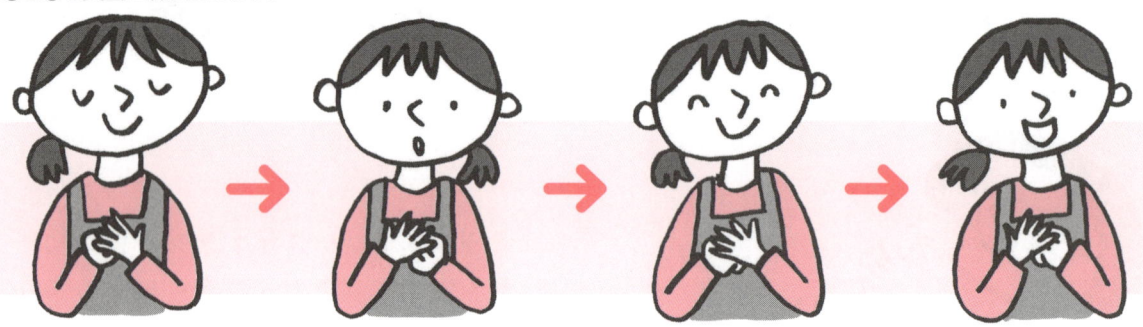

2 ♪ピッピッ

1回目の「ピッ」で右手の親指を立て、2回目の「ピッ」で左手の親指を立てます。

3 ♪とうさんあおむし

立てた親指をグニョグニョと動かします。

2番

2 ♪ピッピッ

人差し指を右手・左手の順に立てます。

3 ♪かあさんあおむし

立てた人差し指をグニョグニョと動かします。

2番〜6番

*2〜6番は、**1**を1番と同様に行います。

3番

2 ♪ピッピッ
中指を右手・左手の順に立てます。

3 ♪にいさん あおむし
立てた中指をグニョグニョと動かします。

4番

2 ♪ピッピッ
薬指を右手・左手の順に立てます。

3 ♪ねえさん あおむし
立てた薬指をグニョグニョと動かします。

5番

2 ♪ピッピッ
小指を右手・左手の順に立てます。

3 ♪あかちゃん あおむし
立てた小指をグニョグニョと動かします。

6番

2 ♪パッパッ
両手をパーにして、右手・左手の順に突き出します。

3 ♪ちょうちょに なっちゃった
両手の親指を重ねてひらひらさせます。

楽譜　キャベツの中から

採譜者：木下枝都子

1. キャベツのなかから あおむしでてきた
ピッピッ ピッピッ とうさんあおむし
ピッピッ ピッピッ にいさんあおむし
ピッピッ ピッピッ ねえさんあおむし
ピッピッ ピッピッ あかちゃんあおむし
パッパッ パッパッ ちょうちょになっちゃった

2. キャベツ
3. キャベツ
4. キャベツ
5. キャベツ
6. キャベツた

第6章 導入あそび 2〜5歳児

対象年齢 **3〜5歳児**

手あそび
5つのメロンパン

最初に立てた5本指はメロンパン、もう一方の手の人差し指は子どもです。指を1本ずつ折り曲げて、メロンパンが1個ずつなくなっていく様子を楽しく演じましょう。数に興味をもつきっかけになりますよ。

1番

1 ♪パンやに いつつの メロンパン

片手の指を5本立てます。

2 ♪ふんわり まるくて

体の前で円を作ります。

3 ♪おいしそう

両手をほっぺに当てます。

4 ♪こどもが おみせに やってきて

片手の指を5本立て、もう一方の手の人差し指を立てて、近づけます。

5 ♪「おばさん、メロンパン ひとつちょうだい」

立てた人差し指を子どもに見立て、話しかけるように動かします。

6 ♪「ハイ、どうぞ」

人差し指で、パーにしている手の親指を折り曲げます。

7 ♪メロンパン ひとつ かってった

人差し指を振りながら、もう一方の手から離します。

2番～5番

＊2～5番の **1** は、指を1本ずつ折り曲げた（数を減らした）状態で始めます。
2～**7** は、1番と同様に行います。

2番
1 ♪パンやに よっつの メロンパン

片手の指を4本立てます。

3番
1 ♪パンやに みっつの メロンパン

片手の指を3本立てます。

4番
1 ♪パンやに ふたつの メロンパン

片手の指を2本立てます。

5番
1 ♪パンやに ひとつの メロンパン

片手の指を1本立てます。

楽譜　5つのメロンパン
訳詞：中川ひろたか　イギリス民謡

1.～5. パンやに〈いつつの／よっつの／みっつの／ふたつの／ひとつの〉メロンパン　ふんわりまるくて おいしそう　こどもがおみせに やってきて 「おばさん、メロンパンひとつちょうだい」「ハイ、どうぞ」 メロンパン ひとつ かってった

第6章 導入あそび 3〜5歳児

対象年齢 **3〜5歳児**

手あそび
グーチョキパーでなにつくろう

ジャンケンのグー・チョキ・パーの形を組み合わせて、いろんな物を作ってみましょう。
ジャンケンのルールを理解していない子どもでも楽しめますよ。

1番

1 ♪グーチョキパーで

両手でグー・チョキ・パーを順に出します。

2 ♪グーチョキパーで

1を繰り返します。

3 ♪なにつくろう なにつくろう

両手を開いて左右に振ります。

4 ♪右手がチョキで 左手もチョキで

チョキにした手を順に出します。

5 ♪かにさん かにさん

チョキにした手の指を閉じたり開いたりしながら左右に振ります。

2番

4 ♪右手がパーで 左手もパーで

パーにした手を順に出します。

5 ♪ちょうちょ ちょうちょ

親指を重ねてひらひらさせます。

2番〜6番

*2〜6番は、1〜3を1番と同様に行います。

第6章 導入あそび 3〜5歳児

3番

4 ♪右手がチョキで 左手がグーで
右手をチョキ、左手をグーに。

5 ♪かたつむり かたつむり
右手の上に左手を載せます。

4番

4 ♪右手がグーで 左手がパーで
右手をグー、左手をパーに。

5 ♪めだまやき めだまやき
左手の上に右手を載せます。

5番

4 ♪右手がパーで 左手もパーで
パーにした手を順に出します。

5 ♪おすもうさん おすもうさん
左右の手を交互に突き出します。

6番

4 ♪右手がグーで 左手もグーで
グーにした手を順に出します。

5 ♪ゴリラ ゴリラ
左右の手を上下に動かし、ゴリラのまねをします。

楽譜　グーチョキパーでなにつくろう
作詞：不詳　フランス民謡

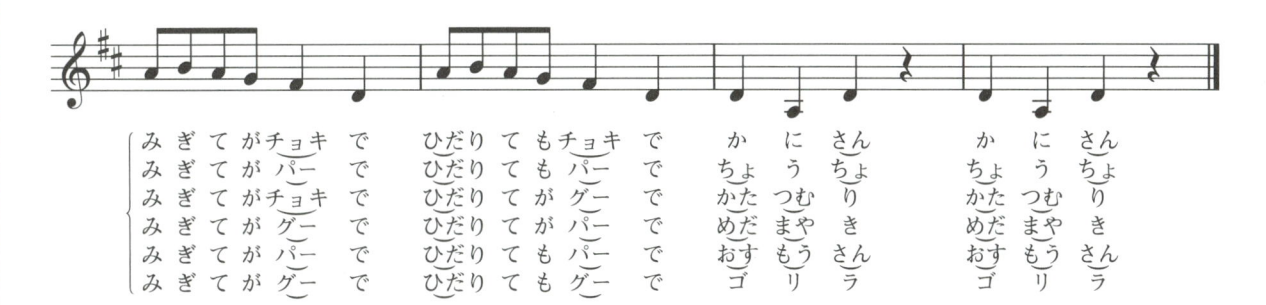

1.〜6. グー チョキ パー で　グー チョキ パー で　なに つく ろう　なに つく ろう

みぎてがチョキで／みぎてがチョキで／みぎてがグーで／みぎてがパーで／みぎてがグーで

ひだりてで／ひだりてで／ひだりてもチョキで／ひだりてもパーで／ひだりてもグーで／ひだりてもグーで

かたつむり　かたつむり
めだまやき　めだまやき
おすもうさん　おすもうさん
ゴリラ　ゴリラ

対象年齢 **4〜5歳児**

手あそび
でんでらりゅうば

長崎県のわらべうたを使った手あそびです。ちょっぴり難しいかもしれません。子どもたちといっしょに遊ぶ前に、しっかり練習しておきましょう。

ポイント

遊び方
最初は、ゆっくりうたいながら片手で遊んでみましょう。慣れてきたら、だんだんうたうスピードを速くしたり、両手で遊ぶなどするとよいでしょう。

歌詞の意味
出ようとして出られるなら　出て行くけれども
出られないから　出て行きません
来られないから（行けないから）
来られないから（行けないから）
来ません（行きません）　来ません（行きません）

バージョン1

1 ♪でん
左手はパー、右手はグーにして、1回たたく。

2 ♪でら
左手はパー、右手はグーのまま親指のみ立てて、1回たたく。

3 ♪りゅう
左手はパー、右手はチョキにして、1回たたく。

4 ♪ば
左手はパー、右手はグーにして人差し指と小指を立てて、1回たたく。

5 ♪でてくるばってん　でんでられんけん　でてこんけん　こんこられんけん　こられられんけん
1〜4 を5回繰り返します。

6 ♪こんこん
左手はパー、右手はグーにして、2回たたく。

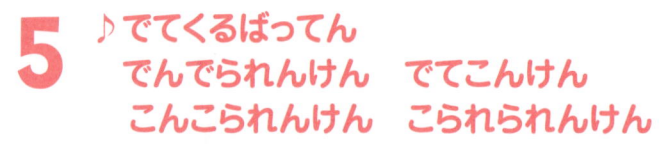

152

バージョン2

1 ♪でん
親指と人差し指を合わせます。

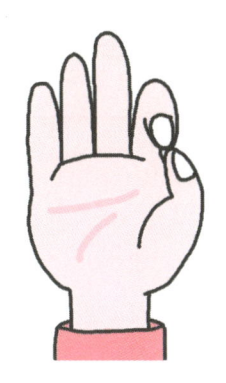

2 ♪でら
親指と薬指を合わせます。

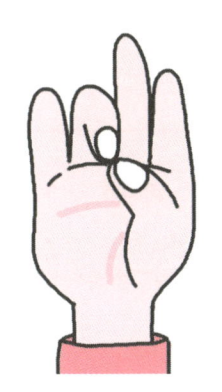

3 ♪りゅう
親指と中指を合わせます。

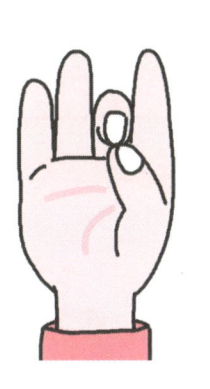

4 ♪ば
親指と小指を合わせます。

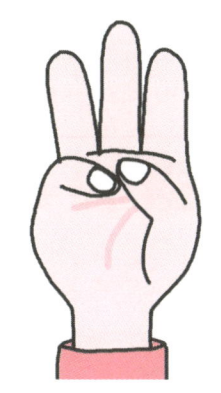

6 ♪こんこん
親指、中指、薬指を合わせて、きつねの形を作り、こんこんと動かす。

5 ♪でてくるばってん
　でんでられんけん　でてこんけん
　こんこられんけん　こられられんけん

1〜4を5回繰り返します。

楽譜　でんでらりゅうば
長崎県わらべうた

でん　で　ら　りゅう　ば　　でて　く　る　ばっ　てん　　でん　で　ら　れん　けん
で　て　こん　けん　こん　こ　られ　けん　こ　ら　れ　られん　けん　こん　こん

第6章 導入あそび 4〜5歳児

対象年齢 **0～3歳児**

ミニシアター
おはながわらった

「おはながわらった」をうたって演じるミニシアターです。草とお花の手袋人形は、簡単に作れます。手作りの人形を実習に持参すれば、好感度もUP！

作り方

材料：カラー手袋（緑）、カラー手袋（白）、フェルト、ビーズ、刺繍糸

① カラー手袋（緑）の甲に、草の形に切ったフェルトを縫い付ける。

② カラー手袋（白）の手のひら側に、花の形に切ったフェルトを縫い付け、ビーズや刺繍糸で表情を作る。

草 左手の甲

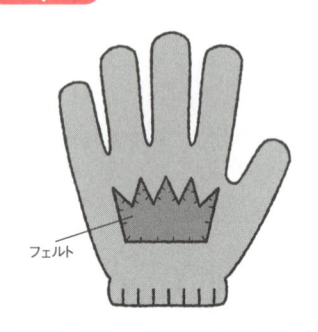

お花 右手の手のひら

※お花の花びらはカラフルにすると楽しいです。
※パーツは縫い付けた方が、丈夫で長持ちしますが、時間がない場合は、手芸用ボンドなどで貼り付けてもよいでしょう。

1
左手に草、右手にお花の手袋をはめます。左手をパーにして、甲が子どもたちの方に見えるように出し、右手をグーにして左手の手のひらに重ねてうたいます。

♪**おはなが　わらった**

右手の親指をパッと立て、左手の親指の先にお花を出します。
（左手の親指を茎に見立てて、その先にお花が咲いたように演じます。）

2
♪**おはなが　わらった**

右手の人差し指をパッと立て、左手の人差し指の先にお花を出します。

3
♪**おはなが　わらった**

右手の中指をパッと立て、左手の中指の先にお花を出します。

4 ♪おはなが

右手の薬指をパッと立て、左手の薬指の先にお花を出します。

5 ♪わらった

右手の小指をパッと立て、左手の小指の先にお花を出します。

6 ♪みんな

左手はパーのまま、右手をいったんグーにします。

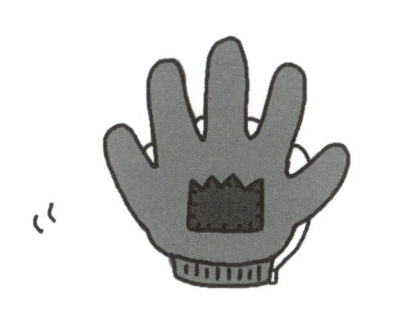

7 ♪わらった

右手の5本の指をパッと開き、左手の指の先からお花を出します。

8 ♪いちどにわらった（2番:げんきにわらった）

6.7 を繰り返します。
2番も **1**〜**8** を同様に行います。

楽譜　おはながわらった　　作詞：保富庚午　作曲：湯山 昭

1.2. お はなが わらった　お はなが わらった　お はなが わらった
お はなが わらった　みーんな わらった　｛いちどに わらった / げんきに わらった｝

第6章　導入あそび　0〜3歳児

ミニシアター
まんまるちゃん

対象年齢 **0〜5歳児**

まんまるちゃんはだあれ？ 不織布で作ったかわいい動物たちのミニシアターです。
ポケットに忍ばせておけば、いざというときに頼もしい味方に！

作り方　材料：不織布

①丸く切った不織布を2枚用意し、1枚に顔を描き、もう1枚を茶色に着色する。耳の形に切った不織布2枚も着色する。

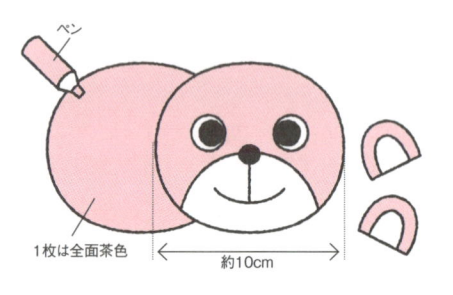

②耳を顔の不織布に挟み、3枚まとめて糸で留める。

- ペン
- 1枚は全面茶色
- 約10cm
- 糸で留める
- 留める
- 茶色の面を外側に
- 耳が動く

1

♪まんまるちゃん　まんまるちゃん
　ちゃいろいかおの　まんまるちゃん
　あなたはいったい　だあれ
　ほらほら　よくみてごらん

まんまるちゃんの耳を中に入れて隠し、子どもに見せます。

2

♪のしのし
　のしのし
　くまさんよ

1つずつ耳を出してうたいます。

第6章 導入あそび 0〜5歳児

いろいろな動物を作ると楽しいです。

例えば…

1 ♪まんまるちゃん　まんまるちゃん
　みどりのかおの　まんまるちゃん
　あなたはいったい　だあれ
　ほらほら　よくみてごらん

子どもに近づけて、まんまるちゃんを見せます。

2 ♪ぴょんぴょん
　ぴょんぴょん
　かえるさんよ

1つずつ目を出してうたいます。

楽譜　　まんまるちゃん

作者不詳

まんまるちゃん　まんまるちゃん　ちゃいろ い かおの　まんまるちゃん　あなたはいったい
だ あれ　ほらほらよ く みてごらん　のしのしのしのし　くまさんよ

対象年齢 **3〜5歳児**

ミニシアター ふうせん

ふうせんがなにかに変身！ 絵変わりが楽しいペープサートです。
たくさん作って、子どもたちと当てっこを楽しみましょう。

🚩 作り方
材料：画用紙、色画用紙、割り箸

①丸く切った画用紙に絵を描き、割り箸に貼る。

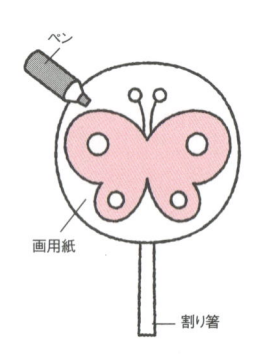

②描いた絵を表す色の色画用紙を、丸く切って裏に貼る。たくさんの色で作っておく。

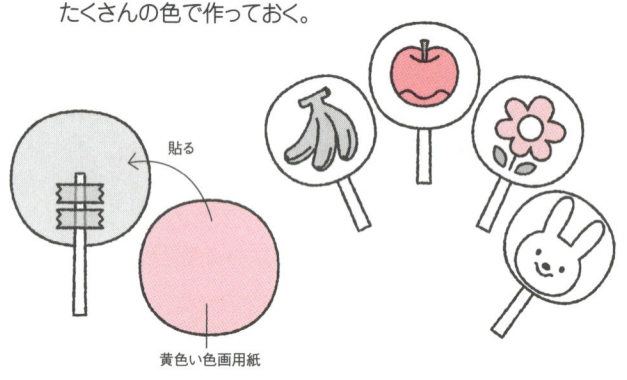

1 ♪きいろいふうせんルルルー
　　そっとかぜにあげたらー

子どもたちに色の面を見せ、ふうせんに見立てて、歌に合わせて揺らします。

2 ♪フワフワー
　　フワフワー

揺らしながら上下に動かします。

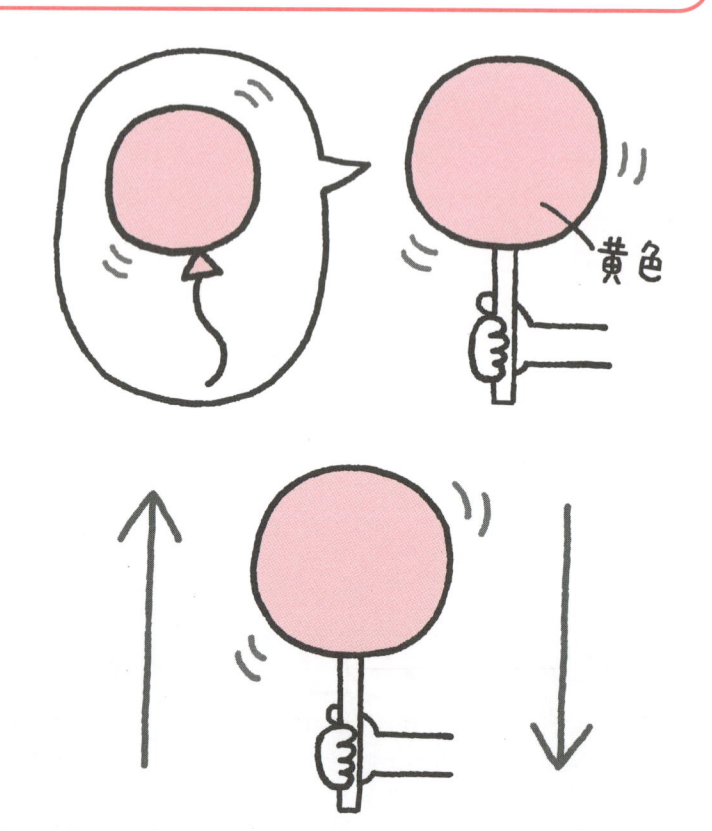

3 保育者：あれ！なにかな？

子どもたちの注意を引き付け、ペープサートをくるくると回します。

子ども：ちょうちょ！とりさん！！

子どもたちのことばを受け止め、やりとりを楽しみます。

4 ♪きいろい ちょうちょになった

子どもたちに絵の面を見せます。「きいろいちょうちょ」の部分を絵に合わせて変えて、繰り返し演じます。
例）「あかいとんぼ」
　　「きいろいバナナ」など

楽譜　ふうせん　　作詞：湯浅とんぼ　作曲：中川ひろたか

1. きいろいふうせん　ルルルー　そっとかぜにあげたらー
2. あかいふうせん　ルルルー　そっとかぜにあげたらー

フワフワー　フワフワー
｛きいろいちょうちょになった
　あかいとんぼになった

著者紹介

徳永満理

福岡県出身。子どもに寄り添う丁寧な保育を長年にわたり実践。社会福祉法人おさなご保育園園長を経て、現在は同園の理事長。兵庫子どもと絵本の会の顧問でもある。兵庫大学短期大学部講師を経て、兵庫大学、佛教大学などで非常勤講師として後進の指導にあたる。主な著書に『0～5歳児のよくわかる絵本読み聞かせ』（チャイルド本社）、絵本に『はるちゃんのぼんぼりぼうし』（とよたかずひこ・絵／ひさかたチャイルド）、『よしよしなでなで』（いりやまさとし・絵／アリス館）など多数。

指導案・あそび案・導入あそび執筆
（50音順）

金高恵子、十川友美、瀧本智子（兵庫県・おさなご保育園　保育士）

脇田博幸（兵庫県・桜谷福祉会　保育士）

脇田道子（兵庫県・学校法人八幡学園　認定こども園　八幡幼稚園　元職員、兵庫県・認定こども園　あおい宙　保育教諭）

みんなであそぼう!!の会　http://www.kawachi.zaq.ne.jp/dpnri002/minnanochikara/sii.html

幼稚園・保育園 実習まるごとおたすけガイド

2015年4月　初版第1刷発行
2017年2月　　　第3刷発行

編著者／徳永満理
発行人／浅香俊二
発行所／株式会社チャイルド本社
〒112-8512　東京都文京区小石川 5-24-21
電話／03-3813-2141（営業）　03-3813-9445（編集）
振替／00100-4-38410
印刷・製本／共同印刷株式会社

©Mari Tokunaga 2015　Printed in Japan
ISBN978-4-8054-0236-8
NDC376　26×21cm　160P
＜日本音楽著作権協会（出）許諾第1501340-603号＞

表紙・扉絵／上原ユミ
本文イラスト／うつみのりこ、おおたきょうこ、かつまたひろこ、ニシハマカオリ、もりあみこ
作り方イラスト／みつき
カバー、本文デザイン／株式会社リナリマ
楽譜浄書／株式会社クラフトーン
本文校正／有限会社くすのき舎
楽譜校正／白日歩
編集協力／株式会社スリーシーズン
編集／石山哲郎、平山滋子、田島美穂

チャイルド本社ホームページアドレス
http://www.childbook.co.jp/
チャイルドブックや保育図書の情報が盛りだくさん。
どうぞご利用ください。

乱丁・落丁本はお取り替えいたします。
本書の内容の一部あるいは全部を無断で複写複製することは、法律で認められた場合を除き著作権者及び弊社の権利の侵害となりますので、その場合は予め小社宛て許諾を求めてください。